리더 양육@셀교회

All rights reserved, Including Translation
Korean edition copyright ⓒ 2004 by NCD Publishers

이 책의 저작권은 도서출판 NCD에 있습니다.
저작권법에 의하여 한국 내에서 보호를 받는 저작물이므로
무단전재와 무단복제를 금합니다.

리더 양육@셀 교회

지은이 | 심상철
초판 1쇄 펴낸날 | 2004년 11월 23일
초판 5쇄 펴낸날 | 2008년 11월 19일
등록번호 | 제129-81-80357호
등록일자 | 2005년 1월 12일
등록처 | 경기도 고양시 일산구 장항동 578-16 나동
발행처 | 도서출판 NCD

값 6,500원
ISBN 978-89-5788-061-6

■ 잘못되거나 파손된 책은 구입하신 서점에서 교환해 드립니다.

도서출판 NCD
주소 | 서울시 강남구 대치동 944-20 동우리빌딩 2층
주문 | 영업부 | (일산) 031-905-0434,6 **팩스** 031-905-7092
본사 | 편집부 | (강남) 02-538-0409 **팩스** 02-561-7076
한국 NCD | 지원·코칭 | 02-565-7767 **팩스** 02-566-7754
홈페이지 | www.NCDKorea.com

건강한 교회로 성장시키는 도서출판 NCD

도서출판 NCD는 '자연적으로 성장하는 더 좋고 많은 교회 번식 운동'을 펼치고 있는 한국 NCD와 크리스천코칭센터 및 이와 관련된 기관들의 사역을 문서로 지원하는 출판사입니다.

한국 NCD는 현재 전 세계 6대주 66개국 10,000교회 4,200만 자료로 검증된 설문 조사 자료를 토대로 하여 한국에서 8가지 질적 특성을 중심으로 교회의 건강을 진단할 뿐만 아니라 더 많은 교회들이 건강하게 세워질 수 있도록 지속적으로 자료 및 도구 제공, 훈련, 세미나, 컨설팅, 코치 사역, 세계 선교, 지역 및 정보 네트워크를 위해 사역하고 있는 국제적인 전문 사역 기관입니다.

※ 자세한 사항은 홈페이지를 참고하세요.

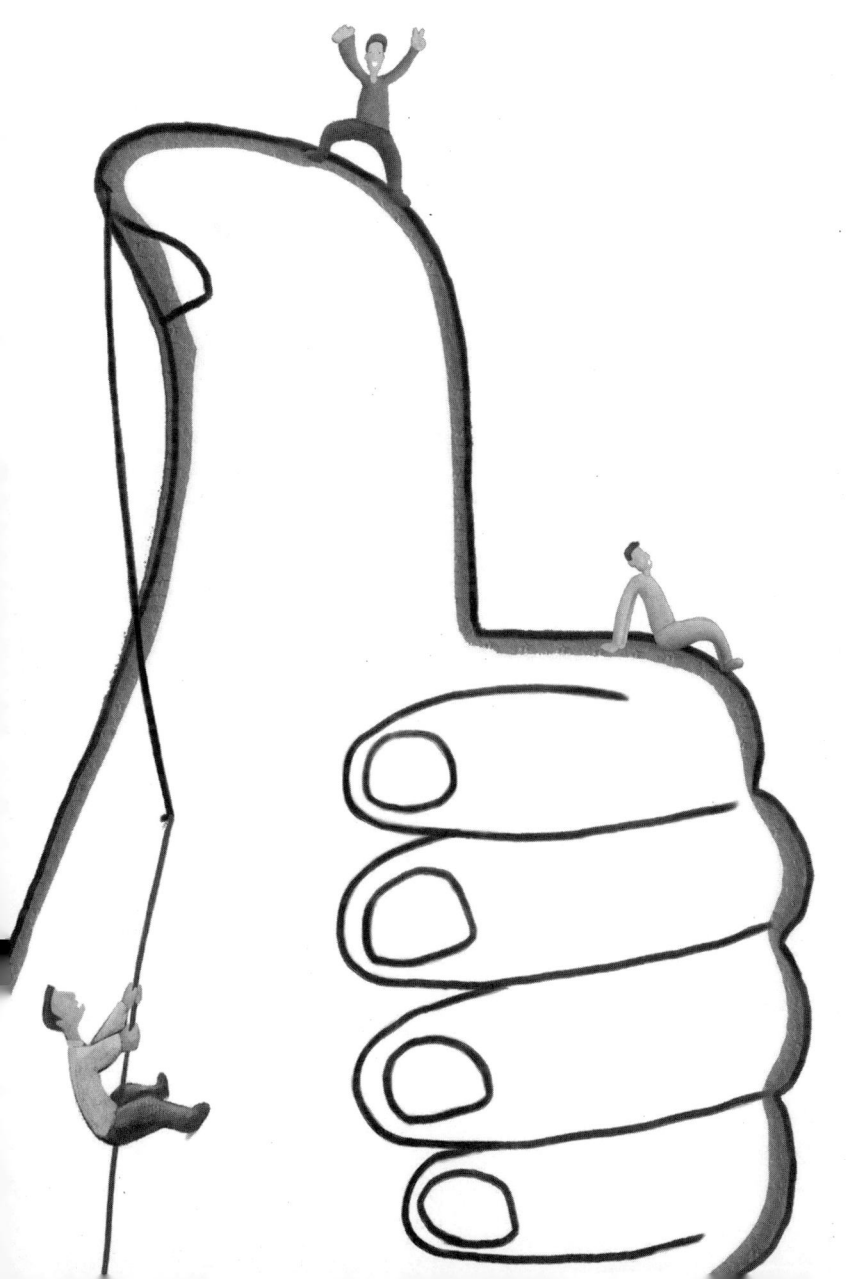

도서출판 NCD

심상철 지음 | 100여명의 리더들 120명의 리더들 성장시킨 셀교회 철교회 현장 이야기

리더 양육 @셀교회

■추천의 글

셀이 한국 교회에 소개되고 나서 많은 교회들이 셀 전환을 시도해 보았지만 고착상태에 머물러 있는 상황을 보게 됩니다. 이번에 동역자 심상철 목사가 2000년 말부터 저와 한 교회를 섬기면서 셀 사역 현장에서 경험한 것을 토대로 쓴 이 책은 셀교회 전환을 위해 준비하는 모든 교회들과 셀 전환을 시도했다가 딜레마에 빠진 교회의 목회자들, 리더들, 평신도들이 읽고 깊이 생각하고 적용해야 할 지침서라고 할 수 있습니다.

셀에 관한 다양한 이론과 실제를 겸비한 그는 한소망교회 셀 전환의 초기부터 현재까지 셀 사역과 청년 사역을 담당해 왔습니다. 셀 사역을 통해 청년 사역의 불모지인 일산 신도시의 청년들을 셀로 살아나게 하고 특별히 꾸준한 청년 리더의 양육을 통해 장래가 유망한 청년 공동체를 형성해 나가고 있습니다.

셀 이론에 관한 많은 책들이 있지만 그것을 실제로 한국 교회의 상황에 적용해서 그 결실로 나온 책이 드문데 이 책에는 리더 훈련의 장인

리더풀Leader Pool과 셀 현장에서 체험한 생생한 간증들이 주제별로 실려 있습니다. 그리고 셀교회 전환과 부흥의 핵심이라고 할 수 있는 리더를 어떻게 효과적으로 양육할 수 있을지에 대한 통찰력과 실제적인 훈련 매뉴얼을 제공하고 있습니다. 뿐만 아니라 쉽고 적절한 예화들을 삽입하여 이해하기 쉽게 구성되어 있습니다.

이 책은 셀교회 전환을 준비하는 교회들이 건강하게 성장하도록 많은 도움을 줄 것입니다. 셀교회를 향해 첫걸음을 내딛고 힘차게 전진하고자 하는 모든 분들에게 귀한 길잡이가 될 것입니다.

류영모
한소망교회 담임목사

차례

■추천의 글 4 | ■들어가는 글 7

1장 튼튼한 기초 공사 15
2장 닫힌 문을 열게 하는 셀 33
3장 지경을 넓혀 주는 정원이 있는 셀 47
4장 편안한 소파가 있는 셀 59
5장 유용한 베란다가 있는 셀 73
6장 정결케 하는 욕실이 있는 셀 83
7장 운동할 수 있는 마당이 있는 셀 99
8장 밖을 내다볼 수 있는 창문이 있는 셀 117
9장 거룩한 식탁에 둘러앉은 셀 139
부록 첫 모임을 위한 공동체 훈련 자료 149

■나가는 글 157

■들어가는 글

이번 여름 휴가 기간 중에 있었던 일이다. 몇 년 동안 모은 마일리지로 보너스 항공권을 얻을 수 있게 되어 가족과 함께 꿈에도 그리던 제주도를 향해 떠나게 되었다. 인터넷으로 항공권 예매를 하고 짐을 꾸려서 공항으로 가는 버스를 기다리고 있었다. 문득 항공권 예매 결과를 출력한 종이를 들여다보게 되었는데 '아니 이럴 수가!' 도착지가 '제주도'가 아니라 '부산'으로 되어 있는 게 아닌가?

잔뜩 기대에 부풀어 있던 우리 아이들이 이 사실을 알고 실망에 가득 찬 목소리로,

"아빠! 우리 이제 제주도 못 가는 거야? 그런거야?"

"분명히 제주도로 클릭한 줄 알았는데……."

항공권을 예매하는 첫걸음이 잘못됨으로 인해 우리 가족은 제주도에 도착하기까지 많은 시간을 낭비하고 마음 고생을 하며 멋진 휴가 계획에 차질을 빚게 되었다.

한국 교회에 셀교회라는 새로운 패러다임이 소개된 이후 이와 동일

한 현상들이 일어나고 있는 것을 보게 된다. 셀교회로의 전환은 그 시작이 중요한데 이를 간과한 많은 교회들과 목회자들이 그 첫걸음을 소홀히 하고 엉뚱한 방향으로 시작함으로 인해 그것을 돌이키는 과정에서 시간 낭비, 마음 고생, 계획의 차질이라는 예상치 못한 결과 앞에서 발을 동동 구르고 있는 것을 보게 된다.

이 책은 이러한 시행착오를 줄이는 데 도움을 주고자 준비되었다. 한 소망교회가 2000년 말 셀교회로의 전환을 시도한 이래 4년여간이 흘렀다. 그동안 하나님께서 이루신 놀라운 일들에 대해 궁금해하는 많은 분들의 전화 상담과 탐방이 이어졌다. 그들에게 말로 설명하는 것의 한계를 절감하고 이렇게 지면을 통해서나마 그들을 돕는 길을 결심하게 되었다. 그렇다면 이 모든 것의 출발점이라고 할 수 있는 '리더풀'에 대해 먼저 알아보도록 하자.

리더풀이란 무엇인가?

리더풀은 하나님께서 디자인하신 교회의 회복을 통해 교회가 건강하게 성장하도록 하기 위한 첫걸음이라고 할 수 있다. 이를 위해 교회의 리더 그룹을 선별해 그들로 하여금 셀교회로의 패러다임 전환을 위한 훈련을 먼저 경험하게 하는 것이 필요하다. 이렇게 교회의 리더들이 새로운 가치로 변화되고 준비되어져서 기존의 성도들과 새신자들을 훈련시켜 거룩한 전염이 일어나도록 하는 훈련 그룹을 '리더풀'이라 한다.

리더풀은 군대로 말하면 신병을 위한 훈련소에서 시작하여 장교를 배출해 내는 훈련소로 이어지는 과정이라 표현할 수 있다. 모든 성도를 대상으로 단번에 셀교회로 전환할 경우 심한 반대에 부딪히거나 실패할 확률이 매우 높다는 것을 우리는 경험적으로 알고 있다. 리더풀은 새로운 전환을 위해 필요한 잠재적인 사람들을 모아 그들에게 하나님 나라의 비전과 가치를 심어 주어 선봉장으로서 건강한 교회로의 패러다임 전환을 온전히 감당하도록 하는 것이다.

리더풀을 경험한 한 리더의 간증을 들어 보자.

이진경(셀리더: irae77@yahoo.co.kr)
리더풀의 시간은 결코 지루하지도, 형식적이지도, 율법적이지도 않았다. 오히려 너무나도 소중했다. 무엇보다도 먼저 우리의 마음을 하나님께서 만지시고 계심을 느낄 수 있었다. 우리는 모이는 데 힘쓰는 공동체가 되어 가고 있었다. 바쁘고 할 일 많고 놀 것도 많지만 우리는 리더풀의 시간을 따로 떼어 놓고 그 시간을 지켜 나갔다. 이것은 아무리 봐도 하나님의 인도하심이라고밖에 생각할 수 없다. 그 시간들을 통해 하나님이 원하시는 공동체가 무엇인지, 하나님이 원하시는 교회의 모습은 무엇인지, 그리고 그 공동체를 이루시기 위해 하나님께서 우리를 준비시키시고 계시다는 것을 알게 되었다. 그때 리더풀에 참여했던 지체들은 지금 모두 셀리더들로서 헌신하고 있으며, 리더풀에 참여하는 리더와 셀인턴의 숫자도 배 이상으로 늘었다. 리더풀은 우리를 하나님의 군사로 세우는 영적 군대와 같았다.

리더풀 – 셀리더 육성의 산실
싱가폴에서 일어나고 있는 셀교회를 통한 엄청난 부흥의 비전을 구체적으로 실행에 옮길 수 있었던 능력의 산실이 바로 리더풀이다. 2000년 12월 리더풀 1기를 시작으로 2004년 현재 리더풀 6기를 운영하면서 120여 명의 훈련된 리더 그룹을 형성하게 되었다.

리더풀을 경험한 다른 여러 사람들의 짧막한 간증들을 들어 보자.

"리더풀에 들어올 때만 해도 나는 겉모습만 크리스천이었다. 모든 일을 부정적으로 바라보고 내 마음대로 해 왔던 나……. 리더풀 시간은 정말로 은혜로운 시간이었다. 주님을 바라보고 나를 돌아보는 시간이었다. 리더풀은 나에게 있어서 너무나도 잊을 수 없는 소중한 시간이었다."

"리더풀을 통해 한 사람의 리더가 저절로 탄생되는 것이 아니라는 것을 깨닫게 되었다."

"이전에 나는 리더가 될 수 없다고 생각했었는데 리더풀을 통해 '나도 리더가 될 수 있다'는 비전을 얻게 되었다."

"리더풀에서 소그룹을 인도해 본 경험은 나로 하여금 리더로서의 자신감을 갖게 해 주었다."

"리더풀 안에서 상호책임을 지는 파트너를 평생 동역자로 얻게 되었다."

"리더풀 안에서 다양한 그룹에 속한 사람들을 만나 나눔의 시간을 가질 수 있어 좋았다."

"리더풀을 통해 율법주의의 껍질에 갇혀 있던 내가 하나님의 은혜 안에서 새롭게 태어날 수 있었다."

"메마르기 쉬운 삶에 한 줄기 샘물이 되었다. 공부에 지치고 관계에 지쳐 쓰러진 나에게 리더풀 배움의 시간은 새 힘을 주었다."

"리더풀, 그것은 수많은 명목상의 그리스도인들로 하여금 하나님 나라의 용사로서 새로운 정체성을 깨닫게 해 주고 구체적인 훈련의 장을 마련해 주는 놀라운 통로였다."

리더풀을 통해 하나님의 퍼즐 맞추기

리더풀을 운영함에 있어서 매우 도전적인 것은 21세기 하나님께서 세상을 향해 계획하신 퍼즐을 맞추어 나가는 한 부분으로 우리가 쓰임 받고 있다는 사실이다. 하나님의 세계 경영 21세기 프로젝트를 이루어 가는 도구로 쓰임 받는다는 감격스러운 사실이 수많은 사람들로 하여금 그들의 시간과 재능을 헌신케 한다.

천안에 있는 학교를 다니는 청년 3명은 리더풀에서 훈련받는 동안 매주 목요일 수업을 마치고 일산에 올라와서 리더풀을 마치고 다음 날 일찍 다시 학교로 내려가기도 했다. 필자는 그들을 향해 '다윗 시대에 블레셋 진영을 뚫고 베들레헴에 있는 우물물을 길러 온 3명의 용사와 같은 자들'이라는 별칭을 붙여 주었다. 그들은 지금 모두 셀리더가 되어 셀을 섬기고 있다. 개인주의와 이기주의와 분주함에 눌려 사는 이 시대 속에서 무엇이 그들로 하여금 이토록 놀라운 헌신을 가능케 했단 말인가? 바로 하나님께서 주신 셀 비전, 즉 정체의 골짜기를 지나 침체의 늪에 빠져 있는 한국 교회를 일으켜 세우는 모델의 기둥이 되게 하시는 하나님의 부르심에 대한 응답이었던 것이다.

리더풀 운영에 관한 도움말

리더풀 안에서 다양한 것들을 훈련할 수 있다. 필자는 4년여간의 리더풀 훈련을 통해 터득한 한국 사람의 정서에 맞고 이해하기 쉬운 셀에 관한 기본적이면서도 핵심적인 내용을 훈련 교재로 만들어 건강한 셀교회 전환을 위한 가치와 실제적인 셀그룹에 대한 이해와 셀리더로서의 비전을 심어 주는 디딤돌로 내놓게 되었다.

이 교재를 마치면 이어서 '은혜의 영성' 과정을 통해 율법주의로 굳어지고 변질된 종교생활이 참된 은혜로 부드러워지고 셀이라는 새 가죽부대에 부을 새 포도주를 준비하는 시간을 갖게 했다. 그리고 이 토대 위에 셀 양육 교재 0~3권을 다루고 그 사이에 치유 수양회를 실시함으로 상처받아 생긴 쓴 뿌리와 견고한 진을 제거하고 하나님 나라의 가치관으로 무장된 리더로 서게 함으로 리더풀 과정을 마치도록 하였다. 한 사람의 지도자가 감당할 수 있는 인원은 12~20여 명이 적당하며 리더풀에 들어온 모든 사람을 2~3사람씩 삼겹줄로 연결해서 서로 상호책임을 지는 짝으로 묶어 주는 것이 중요하다. 이를 통해 그들 스스로 서로를 돌보고 그 안에서 셀 생활을 실천하도록 함으로써 지식이 아닌 관계 속에서 참된 셀의 능력을 체험하고 이를 토대로 건강하고 균형 있는 리더를 육성할 수 있다.

이 교재 사용을 위한 지침

각 장마다 다음과 같은 순서와 내용으로 구성되어 있다.

현장의 목소리 듣기 - 리더풀과 셀 현장의 생생한 간증을 듣는 시간이다.
다리 놓기 - 대그룹이 모임을 위해 함께 워밍업하는 시간이다.
벽돌 쌓기 - 각 장의 주제를 통해 셀에 대한 이해를 쌓아가는 시간이다.
셀 체험하기 - 셀로 나누어 실제적인 셀모임을 경험해 보는 시간이다.
준비하기 - 다음 모임을 위해 과제를 준비해 오는 시간이다.

아울러 각 장마다 다음과 같은 항목들을 통해 실제적인 도움을 주는 코너들도 마련해 놓았다.

도우미 - 셀에 관한 생소한 용어들을 설명해 주는 코너다.
웃음꽃 한마당 - 셀에 관련된 유머를 소개해 주는 코너다.
이야기 한 토막 - 셀에 관련된 예화를 소개해 주는 코너다.

각 부분에 필요한 시간은 각 장의 서론 및 현장의 목소리 듣기 10분, 다리 놓기 20분, 벽돌 쌓기 30분, 셀 체험하기 60분 정도가 적당하다. 아무쪼록 이 책을 통해 21세기 하나님이 디자인하신 건강하게 성장하는 셀교회로의 전환을 위한 발판을 마련할 수 있게 되기를 바란다.

1장
튼튼한 기초 공사

예상치 못했던 건축물의 붕괴로 인해 맞게 된 대형 참사들……. 그 근본 원인을 추적해 보면 부실 공사라는 결론에 도달하게 된다. 이는 역으로 기초 공사가 얼마나 중요한 것인지를 우리에게 새삼 일깨워 준다.

여름철에 무너진 '용천교'라는 커다란 교량에는 철근이 한 가닥도 들어 있지 않았다. 그 붕괴 현장을 바라보면서 우리의 셀 공동체에 반드시 있어야 할 필수적인 영양소들이 존재하는지 되돌아보아야 할 필요성을 느끼게 되었다.

건강한 셀을 위한 영양소를 섭취하기 위해 함께 출발해 보자.

"나더러 주여 주여 하는 자마다 다 천국에 들어갈 것이 아니요 다만 하늘에 계신 내 아버지의 뜻대로 행하는 자라야 들어가리라 그 날에 많은 사람이 나더러 이르되 주여 주여 우리가 주의 이름으로 선지자 노릇 하며 주의 이름으로 귀신을 쫓아 내며 주의 이름으로 많은 권능을 행하지 아니하였나이까 하리니 그 때에 내가 그들에게 밝히 말하되 내가 너희를 도무지 알지 못하니 불법을 행하는 자들아 내게서 떠나가라 하리라 그러므로 누구든지 나의 이 말을 듣고 행하는 자는 그 집을 반석 위에 지은 지혜로운 사람 같으리니 비가 내리고 창수가 나고 바람이 불어 그 집에 부딪치되 무너지지 아니하나니 이는 주추를 반석 위에 놓은 까닭이요 나의 이 말을 듣고 행하지 아니하는 자는 그 집을 모래 위에 지은 어리석은 사람 같으리니 비가 내리고 창수가 나고 바람이 불어 그 집에 부딪치매 무너져 그 무너짐이 심하니라"(마 7:21~27).

 ## 현장의 목소리 듣기

박지선(셀인턴: narlove83@hanmail.net)

지난 1년 동안 셀에 참여하고 셀리더와 예비 리더들을 보면서 나도 리더가 되어야겠다는 생각을 하게 되었다. 어떤 망설임도 없이 우리 교회를 다니는 사람이라면, 셀의 부흥과 우리 교회가 나아가려는 비전을 위해 리더가 되어야 하는 것은 당연한 것이었다. 리더가 되기 위해서는 반드시 거쳐야 하는 관문이 있는데 바로 리더풀이다. 2003년 1월, 리더가 되기 위한 첫걸음을 시작했다.

리더풀은 소중한 시간이었다. 학교 과제도 많고, 그다음 날 일찍 아침 수업이 있어서 피곤한데도 리더풀에 가고 싶을 정도였다. 리더풀은 그만큼 나에게 많은 영향을 끼치고 있었다. 리더풀은 나를 깨뜨리고, 나의 패러다임을 바꿔 놓았다. 그중에서도 가장 큰 것은 하나님과 나와의 관계였다. 하나님을 신뢰하며 구원의 확신은 있었지만, 리더풀 이전의 신앙생활은 아버지와 자녀와의 관계가 아니고, 주인과 노예의 관계였다. 하나님의 은혜에 대해 알고 있다고 생각했지만, 잠재의식 속에는 하나님에 대한 두려움이 가득했다. 그러나 리더풀을 통해 하나님은 나에게 벌 주시는 분이 아니라 나에게 은혜를 주시고, 복 주시는 분이라는 것을 깨달았다. 기복이 심하던 나의 신앙생활에 평정을 찾았고, 교회 봉사에도 활기를 찾았다.

두 번째로는 상호책임짝과 일주일의 삶을 나누고, 나의 기도제목과 멘토의 기도제목을 나누고 서로를 위해 기도할 때 더욱더 하나님 앞에 나아갈 수 있었다. 주중의 전화와 이메일, 그리고 만남을 통해 우리는 더욱 가까워졌다. 리더풀이 끝난 지금까지도 서로 어려운 일, 힘든 일이 생기면 만나서 이야기를 나누곤 한다. 인생의 든든한 친구를 얻은 것이다. 그리고 리더풀에서 셀의 핵심이라고 할 수 있는 HBC(Hansomang Basic Community)훈련을 받으면서 왜 21세기 한국 교회가 셀교회로 나아가야 하는지 더욱 절감할 수 있었다.

처음엔 셀리더와 예비 리더들을 보면서 리더가 되고 싶다는 막연한 생각에 시작했던 리더풀, 나도 이제는 셀인턴을 준비하고 있다. 셀은 건강한 하나님 나라를 만들어 가는 데 있어서 강력한 무기가 될 것이다.

 **다리 놓기**

당신이 알고 있는 교회를 무엇으로 비유해 볼 수 있을까? 그림을 통해 상징화하고 서로 나누어 보자(인원: 6~8명이 한 그룹, 준비물: 전지, 매직, 크레파스 등).

(예) 병원에서 치료받고 있는 환자들의 그림 등.

 **벽돌 쌓기**

1 한 쪽 날개를 상실한 교회

하나님이 디자인하신 교회는 대그룹 예배의 날개와 더불어 소그룹 셀의 날개가 조화와 균형을 이룬 교회였다. 이러한 사실에 대해 사도행전 2장 46절은 이렇게 기록하고 있다.

"날마다 마음을 같이 하여 성전에 모이기를 힘쓰고 집에서 떡을 떼며 기쁨과 순전한 마음으로 음식을 먹고".

두 날개를 달고 비상하던 교회가 언제부터인가 한 쪽 날개를 잃어 가기 시작했다. 대그룹으로 모이는 예배에 참여하는 것으로 만족하며 안주하는 사이에 교회는 한 쪽 날개를 잃고 제자리를 빙빙 돌거나 추락하기 시작했다.

웃음꽃 한마당

어떤 할아버지가 손자로부터 '원두막' 이라는 제목의 멋진 삼행시를 들었다. 원 - 원숭이 궁둥이는 빨개, 두 - 두 쪽 다 빨개, 막 - 막 빨개. 삼행시를 급히 외워서 양로원에 가서 할머니들을 불러 모아 삼행시를 읊기 시작했다. 그런데 아뿔사 원두막이 원숭이 삼행시로 바뀌고 말았다. 원 - 원숭이 궁둥이는 빨개, 숭 - 숭어 궁둥이도 빨개, 이 - 이게 아닌디!

◑ 하나님이 디자인하신 교회의 원형에서 우리들의 교회가 얼마나 이탈되어 있는지를 진단해 보아야 겠다.

이야기 한 토막

하나의 말굽을 주면서 이와 같은 말굽 100개를 만들어 달라는 부탁을 받은 대장장이가 첫 번째 말굽을 만들더니 원형이 아닌 첫 번째에서 두 번째, 두 번째에서 세 번째……. 이렇게 만들었다고 생각해 보자. 원형 말굽과 마지막 100번째 말굽의 모양은 어떠했겠는가? 우리도 신앙의 선배들이 해 왔던 모습을 답습하는 과정 속에서 본래의 모습을 잃었다면 그것을 다시 찾아야 겠다.

2 셀교회 운동

잃어버린 교회의 한 쪽 날개를 찾고자 하는 몸부림이 교회의 역사 속에 산발적으로 있어 왔다. 그 대표적인 것이 요한 웨슬레를 중심으로 일어난 감리교의 '속회' 라고 할 수 있다. 산업혁명 후 위기를 맞은 영국은 요한 웨슬레와 뜻을 같이 하는 사람들에 의해 회생의 전기를 맞이하게 되었다. 그 후 1980년대에 세계 곳곳에서 동시다발적으로 잃어버린 교회의 한 쪽 날개를 찾고자 하는 움직임들이 일어나기 시작했다.

그리고 이것이 셀교회의 아버지라 불리는 랄프 네이버에 의해 체계적으로 정리되어 전 세계의 교회로 파급된 '셀교회 운동'이다.

❸ 셀, 그것이 알고 싶다!

1. 생물학적 셀

(1) 의미

'셀'이란, 생물체를 구성하는 가장 기본적인 단위를 말한다. 셀은 생물체를 구성하는 형태상의 기본단위인 동시에 생명현상을 나타내는 기능상의 최소단위이기도 하다. 1665년 영국의 물리학자 R. 훅이 생장하는 식물의 줄기, 가지, 뿌리의 가장 바깥쪽에 있는 보호조직의 얇은 조각을 현미경으로 관찰하여, 그것이 다수의 작은 방으로 되어 있는 것을 확인하고 이것을 셀이라 불렀다.

(2) 셀과 몸의 관계

하나님의 비밀스런 창조섭리가 생명의 기본단위인 세포 속에 숨어 있다. 세포 하나가 분열해 인간이란 개체를 만든다는 사실이 2000년 전 이미 성경에 기록되어 있다. "주께서 내 장부를 지으시며 나의 모태에서 나를 조직하셨나이다"(시 139:13). 성경의 기록대로 우리 몸의 많은 세포는 1개에서 시작하여 어느 시점까지 기하급수적으로 분열을 거듭한다. 13개의 세포로 이뤄진 일종의 세포덩어리를 ICM(Inner cell mass)이라 하는데 여기에서 인체의 모든 조직과 기관으로 분화한다. 세포를 생명의 기본단위라고 일컫는 이유가 여기에 있다.

2. 셀교회에서의 셀

생물학적 셀이 몸의 기초단위인 것처럼 셀교회의 셀은 그리스도의 몸인 교회의 기초 단위라고 할 수 있다. 그리스도의 몸의 기초 단위인 셀도 무한한 생명력을 통해 지속적으로 분열한다.

4 셀의 기초 공사를 위한 필수 영양소

건강한 몸을 유지하려면 필수적인 영양소가 공급되어야 하는 것처럼 건강한 셀이 되기 위해서는 다음과 같은 5대 영양소가 반드시 필요하다.

1. 탄수화물 = 한 가족, 한 지체 되기

탄수화물은 여러 대사 경로를 통해 분해되어 에너지를 생성하는 기초 물질로 알려져 있다. 셀 안에서 탄수화물과 같은 영양소는 무엇일까?

(1) 지체됨 회복

셀은 그리스도 안에서 한 몸의 지체로 연결되어질 때 능력이 나타난다. 몸의 지체가 연결되지 못하면 몸은 제 기능을 감당할 수가 없다.

이야기 한 토막

스티븐 호킹 박사의 두뇌는 우주의 블랙홀을 논할 만큼 대단하지만 그의 손발은 유치원 아이만도 못하다. 그 이유인즉 루게릭병으로 인해 신경이 차단되어 있기 때문이라고 한다.

◐ 셀은 그리스도를 머리로 하고 각 지체로 연결되어져야 한다.

각 지체가 다른 지체를 향해 '민망히 여기는 마음' Compassion을 갖게 될 때 셀은 건강을 유지할 수 있다.

도움말

민망히 여기는 마음Compassion : 우리 몸의 한 지체가 통증이 있으면 온 몸이 함께 아파하는 것처럼 셀의 지체들이 셀원들의 아픔을 함께 느끼며 그 고통의 치유를 위해 함께 노력하는 마음을 말한다.

이에 대한 한 지체의 간증을 들어 보자.

한번도 느껴 보지 못했던 '민망히 여기는 마음' Compassion을 느끼게 되었습니다. 목사님께서 기도하실 때나 설교하실 때마다 항상 강조하셔서 '그 마음이 무엇일까?' 무척이나 궁금하고 알고 싶었습니다. 어느 날 하나님은 저에게 그 마음을 느끼게 해 주셨습니다. 셀 언니의 마음을 저도 느낄 수 있었습니다. 얼마나 아픈지, 얼마나 힘든지 제 가슴도 많이 아프고 답답하고 셀 언니의 가슴 속에 있는 고통이 제 가슴속으로 들어왔습니다. 언니가 무엇 때문에 힘들고 아픈지, 본인도 모르고 아파하는 그 심정을 저도 느낄 수 있었습니다. 또한 감당할 수 없을 정도로 큰 사랑과 은혜를 부어 주시는 주님의 역사하심에 기쁨의 눈물이 계속 흘렀습니다. 전 정말 너무나도 행복했습니다. 주님의 큰 선물에 너무 감사했습니다.

웃음꽃 한마당

김밥과 떡볶이와 오뎅이 달리기 시합을 했다. 김밥이 선두를 달리다가 결승선 앞에서 너무 힘을 주어서 옆구리가 터지고 말았다. 그러나 개의치 않고 1등으로 골인했다. 그런데 심판이 2등으로 들어오는 떡볶이에게 금메달을 주는 것이 아닌가? 김밥이 항의하자 심판이 하는 말, "자네가 옆구리 터진 현장을 보게나." 그곳에는 옆구리 터질 때 떨어졌던 햄이 손을 흔들며 하는 말, "김밥, 같이 가요!"

○ 셀은 함께 아파하며 함께 가는 것이다.

(2) 가족됨 회복

우리는 그리스도 안에서 하나님의 권속, 한 집안 식구라고 에베소서 2장 19절은 기록하고 있다. 우리가 왜 한 가족인가? 그것은 그리스도의 십자가 보혈의 혈통을 이어받았기 때문이다. 진정한 가족은 서로를 향해 끝까지 책임진다. 이처럼 셀은 영적 부모와 영적 청년, 영적 아이로 이루어진 가족 구성원들이 서로를 향해 끝까지 책임지는 것이다.

이야기 한토막

셀 전환 초기부터 함께 했던 한 리더의 간증이다.

"처음 셀 체제로 전환되면서, 셀과 팀의 차이점에 대해 무척이나 헷갈렸다. 둘 다 소그룹인 것은 똑같고, 지난 주에 어떻게 지냈는지 이야기하는 것이나 나중에 기도하고 끝나는 것도 비슷하고, 처음 시작하는 셀로서의 발걸음은 완전히 셀도 아니고 팀도 아닌, 좀 어중간한 상태였다. 그러나 점차 셀이 성경공부 모임이나 사역중심 모임이 아닌 친교와 나눔, 그리고 하나님의 임재와 치료하심을 누리는 영적인 가족모임이라는 것을 알아가게 되었다.

2. 무기질 = 불신자 전도하기
무기질은 신체의 성장과 유지 및 생식에 필요한 영양소다. 셀 안에서 무기질과 같은 영양소는 무엇일까?

(1) 관계의 그물 치기
셀은 하나의 그물과 같다. 즉, 세상에서 방황하는 불신자 물고기들을 주께로 몰아오는 그물이다. 그러기 위해서는 그들과 좋은 관계를 맺어 나가야 한다. 모든 사람의 관계는 감정 계좌로 연결되어 있다. 불신자들을 주께로 인도하기 위해서는 그들의 통장에 좋은 이미지의 잔고를 많이 쌓아가야 한다.

이야기 한 토막

오렌지를 살 때 옆집 아주머니 생각하며 하나 더 사는 +1, 고구마 삶을 때 아랫집 아주머니 생각하며 하나 더 삶는 +1……. 작은 관심과 정성으로 감정 계좌의 잔고는 늘어나게 된다.

(2) 새로운 가족 입양을 위한 빈 방석 놓기
셀은 잃어버린 가족을 찾기 위해 빈 방석을 놓고 그들이 돌아오기를 위해 기도하며 최선을 다한다. 모든 사람이 자신을 중심으로 인간관계의 동심원을 그리고 있는데, 그중에 아직 하나님을 알지 못하는 사람들의 이름을 적고 그들을 위해 기도하는 것이 생활화되어야 한다.

이야기 한 토막

'쉰들러 리스트'라는 영화를 보면 죽을 수밖에 없는 유태인들을 포로 수용소에서 구해 내기 위해 혼신의 힘을 다한 쉰들러에게 한 유대인이 했던 감동적인 말이 있다. '한 영혼을 구한 것은 우주를 구한 것이다.'
ᗕ 셀은 사단의 포로 수용소에 갇혀 있는 불신자들을 구출해 내기 위한 특공대다.

3. 단백질 = 리더로 만들기

단백질은 체내에 필수적인 물질들을 만들거나 운반하고, 외부로부터 이물질과 대항해 싸우기도 하며 나아가서는 뼈, 근육과 연결조직을 이루기도 한다. 또, 혈액을 응고시키는 데에도 여러 가지 종류의 단백질이 필요하다. 셀 안에서 단백질과 같은 영양소는 무엇일까?

(1) 리더의 비전 심기

셀에서는 '모든 성도들이 리더가 될 수 있다'(Every Believer can be a leader)는 비전을 갖고 있어야 한다. 모든 셀원들을 리더로 세우기 위해 기도하며 훈련시켜야 한다. 아울러 하나님께서 사람을 창조하실 때 주신 번성의 권세를 회복하는 비전을 심어 준다.

웃음꽃 한마당

퀴즈: "비 오는 날 마당에 빗자루 들고 있는 사람을 무엇이라고 할까요?"
답: 쓸 데 없는 사람
셀은 쓸데없는 사람들을 쓸모 있는 리더로 만드는 양육의 장이다.

(2) 리더로 성장하기

셀에서 리더가 된다는 것은 영적 생명을 낳고 길러 내는 부모의 마음을 갖는 것이다. 셀에서 리더는 리더 자신이 사랑과 섬김의 본을 보임으로써 셀원들이 그것을 바라보고 모델링하도록 하는 것이다. 아울러 셀은 리더가 예비 리더와 셀원들에게 자신의 권한을 위임하고 준비시킴으로써 번성하여 나누어질 때를 준비한다.

이야기 한 토막

하나님 아버지의 마음을 품게 된 한 리더의 간증을 들어 보자.
"셀모임과 셀리더를 하면서 가장 많이 깨닫게 된 것은 아버지의 마음이다. 셀원 한 사람, 한 사람이 얼마나 소중한지 모른다. 예배를 드리러 본당에 들어갈 때 우리 셀원들이 눈에 띄면 얼마나 흐뭇한지……. 더구나 잘 안 나오던 지체가 나왔을 때의 기쁨이란! 자녀를 애타게 기다리는 아버지의 마음을 조금은 알 것 같다. 애통하는 마음, 기다리는 마음, 오래참는 마음, 기뻐하는 마음, 보호해 주고 싶은 마음, 변호해 주고 싶은 마음, 갈급한 마음. 내가 알고자 해서 알게 된 것이 아니라, 아버지께서 부어 주셨기에 하나님의 마음을 조금이나마 내 가슴속에 소유할 수 있게 된 것이다. 하나님의 심장이 사랑으로 되어 있다는 말……. 셀을 통해 지체들과 함께 한 순간들이 없었다면 이러한 마음을 어찌 알 수 있었을까?"

4. 지방질 = 서로 책임지기

지방질은 세포의 외벽인 세포막을 형성하며 우리 몸에서 콜레스테롤, 성호르몬 등 조절기능을 담당하고 있다. 셀 안에서 지방질과 같은 영양소는 무엇일까?

(1) '나 한 사람쯤이야' → '나 한 사람이야말로'

셀에서는 나 한 사람의 중요성을 강조한다. 우리는 하나님의 성전을 지어가는 살아 있는 돌로, 그것은 사랑과 섬김의 접착제로 쌓아진다(벧전 2:5, 엡 2:21~22). 획일화된 벽돌이 아니고 몇몇 사람으로 이루어진 고인돌도 아니다. 다양한 돌들이 모여 하나의 성전을 이룬다.

이야기 한 토막

인간 피라미드를 쌓고 난 후 그중 한 사람만 빠져 보라! 전체가 무너지고 만다. 셀에 속한 한 사람 한 사람이 이토록 소중한 것이다.

(2) 다지세

셀은 **다**른 **지**체를 **세**워 주는 일을 감당한다. 아간은 자신의 욕심을 채우기 위해 이스라엘 공동체를 어려움에 빠뜨렸다. 반면 다윗과 요나단은 자신의 생명이라도 내어줄 만큼 서로 책임지는 사람들이었다. 셀은 상호책임짝을 통해 이것을 훈련한다. 또한, 하나님께서 우리에게 주신 은사를 통해 감당해 나간다.

이야기 한 토막

기러기들은 V자로 날아가는데 가장 앞에 있는 기러기가 공기 저항을 많이 받게 되고 그로 인해 다른 기러기들은 힘이 덜 들게 된다. 그러다 선두 기러기가 지치면 다른 기러기와 교대하는 상호책임을 통해 국내선이 아닌 국제선의 능력을 갖게 된다.

5. 비타민 = 새신자 돌보고 키우기

비타민은 물질대사나 생리기능 조절영양소다. 비타민은 소화된 영양소의 흡수를 도와주는 역할을 한다. 셀 안에서 비타민과 같은 영양소는 무엇일까?

(1) 가족환경 안에서 자라는 새신자

아이들은 가족 안에 있을 때 결함없이 가장 건강하게 자란다. 가족은 바라봄으로 닮아 가고 자라간다. 영적 어린아이들도 셀 안에서 부모와 형제, 자매를 바라보고 배움으로 셀은 양육을 수행한다.

이야기 한 토막

'우츄프라카치아' 라는 식물은 누군가가 건드리면 다음 날 죽는다고 한다. 그러나 한 학자가 이 식물을 연구한 결과 같은 사람이 지속적으로 만져 주면 생명력을 유지하게 된다는 사실을 발견했다.

◐ 셀은 우츄프라카치아 같은 새신자들을 끊임없이 돌봐 줌으로 높은 새신자 정착률을 가능케 한다.

(2) 돌봄의 고리를 통한 게토 허물기

교회 안에 끼리끼리 뭉치는 게토가 형성될 때 새신자들은 발붙일 자리를 찾지 못하고 앞문으로 왔다가 뒷문으로 빠져 나가버리게 된다. 셀은 상호 돌봄의 고리를 통해서 이것을 방지한다. 사단은 교회 공동체의 틈이 생기면 여지없이 그 공동체를 균열시키고 무너뜨린다. 셀은 새신자와 기존 성도 사이에 이것을 경계한다. 아울러 셀은 새신자가 왔을 때 그들이 나아갈 길과 발붙일 공간을 제공한다.

웃음꽃 한마당

교인이 4명 남은 어떤 교회가 있는데 새신자가 오는 것을 모두 결사 반대한다. 이유인즉 교회 묘지 자리가 4개 남았기 때문이라고 하는데…….

◐ 셀은 세상의 가치로 변질된 우리들의 게토를 허무는 능력을 갖게 한다.

셀 체험하기

1 마음 문 열기(Welcome)

자신의 이름에 자신의 특성을 나타내는 형용사를 붙여 소개하는데 그 옆에 있는 사람은 앞에 있는 사람이 했던 설명과 이름을 모두 말한 후에 자신을 소개한다.

(예) 산소 같은 OOO 옆에 있는 바람 같은 OOO.

2 경배와 찬양(Worship)
♪ 우리를 한 가족 삼아 주신 전능하신 하나님을 소리 높여 찬양한다.

사랑하는 나의 아버지 이름 높여 드립니다
주의 나라 찬양 속에 임하시니 능력의 주께 찬송하네
전능하신 하나님 찬양 언제나 동일하신 주
전능하신 하나님 찬양 영원히 다스리네
나 주의 이름 높이리 나 주의 이름 높이리
하늘 높이 올린 깃발처럼 주의 이름 높이리
전능하신 하나님 찬양 언제나 동일하신 주
전능하신 하나님 찬양 영원히 다스리네

○ 찬송가를 사용할 경우, 13장 '기뻐하며 경배하세'

♬ 하나님께서 허락하신 소중한 가족된 지체들을 축복하며 찬양한 후 서로를 위해 기도한다.

감사해요 깨닫지 못했었는데 내가 얼마나 소중한 존재라는 걸
태초부터 지금까지 하나님의 사랑은 항상 날 향하고 있었다는 걸

고마워요 그 사랑을 가르쳐 준 당신께 주께서 허락하신 당신께
그리스도의 사랑으로 더욱 섬기며 이제 나도 세상에 전하리라
당신은 사랑받기 위해 그리고 그 사랑 전하기 위해 주께서 택하시고
이 땅에 심으셨네 또 하나의 열매를 바라시며

◐ 찬송가를 사용할 경우, 278장 '사랑하는 주님 앞에'

❸ 나 눔(Word)
마태복음 7장 24~27절을 읽고 상호책임짝 2~3명과 나눈다.

1. 그리스도의 몸된 교회의 지체인 당신에게 있어서 위에서 살펴본 건강 필수 5대 영양소 가운데 어떤 요소가 강하고 어떤 요소가 약하다고 생각하는지 체크해 보고 그 이유와 함께 나누어 보자.

   ① 탄수화물 = 한 가족, 한 지체 되기
   ② 무기질 = 불신자 전도하기
   ③ 단백질 = 리더로 만들기
   ④ 지방 = 서로 책임지기
   ⑤ 비타민 = 새신자 돌보고 키우기

   강한 요소 (   )
   이유 : _____
   _____
   약한 요소 (   )

이유 : _____

_____

2. 약한 요소를 강한 요소로 변화시키기 위해 우리들이 내려야 할 결단과 전략을 구체적으로 생각해 보고 서로 나누어 보자.

_____

_____

_____

4 사 역(Work)

1. 위에서 나눈 약한 요소들을 강하게 회복시킬 수 있도록 서로를 위해 간절히 기도한다.

2. 자신이 품고 있는 태신자가 주께로 나오지 못하도록 막고 있는 걸림돌을 제거하고 그들이 셀(목장, 구역)로 인도될 수 있기를 위해 간절히 기도한다.

준비하기

오늘 배운 셀과 당신이 속해 있는 기존의 소그룹과의 차이점을 생각해 보고 5가지 이상 기록해 온다.

2장
닫힌 문을 열게 하는 셀

집안에 아무리 좋은 가구와 장식품이 있어도 문을 열고 들어갈 수 있는 열쇠가 없다면 그 아름다움과 유용함을 누릴 수 없게 된다. 오히려 문 밖에 서서 발을 동동 구를 수밖에 없다.

많은 교회들이 셀교회로 전환하면서 셀의 본질을 이해하지 못하고 셀의 본질에 집중하지 못함으로 인해 동일한 시행착오를 겪는 것을 보게 된다.

하나님이 디자인하신 셀교회를 향해 바르게 나아가도록 문을 열어주는 열쇠를 찾아 함께 여행을 떠나 보자.

 "진실로 다시 너희에게 이르노니 너희 중의 두 사람이 땅에서 합심하여 무엇이든지 구하면 하늘에 계신 내 아버지께서 그들을 위하여 이루게 하시리라 두세 사람이 내 이름으로 모인 곳에는 나도 그들 중에 있느니라"(마18:19~20).

"그가 빛 가운데 계신 것같이 우리도 빛 가운데 행하면 우리가 서로 사귐이 있고 그 아들 예수의 피가 우리를 모든 죄에서 깨끗하게 하실 것이요"(요일 1장).

"그러므로 너희 죄를 서로 고백하며 병이 낫기를 위하여 서로 기도하라 의인의 간구는 역사하는 힘이 큼이니라"(약 5:16).

 ## 현장의 목소리 듣기

기미형(셀리더 : mi-kiki@hanmail.net)

어느 주일이었습니다. 그날은 평상시보다 셀원들이 많이 나오지도 않았고 저도 너무 지쳐 있었습니다. 셀지를 대충 훑어보고 나서 습관적으로 기도제목을 나누는데 한 형제가 어렵게 자신의 가정의 어려움들을 이야기하는 것이었습니다. 그러자 다른 자매도 그동안 말하지 못했던 가슴 아팠던 사연과 하나님께서 만지심, 하지만 아직도 힘들다는 것을 눈물로써 고백했습니다. 우리는 시간 가는 줄도 모르고 한 사람 한 사람 돌아가면서 자신의 아픔과 잘못들을 고백하는 시간을 가졌습니다.

기도제목을 다 나눈 후 일어서서 서로를 위해 일대일로 돌아가며 손을 잡고 너무나도 간절하게 눈물을 흘리며 기도했습니다. 우리가 기도할 때 성령님은 우리 안에 계셔서 우리의 마음이 진정으로 하나 되게 하셨습니다. 한 자매에게는 몸된 지체를 위해 기도할 때 방언을 허락하시기도 했습니다. 그 시간에 우리는 우리가 기도를 잘하지 못한다거나 우리 각자의 짐을 생각하지 않았습니다. 오직 다른 지체들의 아픔과 그들의 상처를 하나님께서 친히 위로해 주시고 평안을 주시기를 위해서만 간절히 기도했습니다. 이 시간은 정말 제가 평생에 잊지 못할 시간입니다.

하나님께서는 좀 더 능숙하고 좀 더 멋지게 셀을 이끌고 싶었던 저의 교만함을 꺾어 주셨고 지쳐 있던 저에게 친히 찾아오셨습니다. 또한 다른 지체들의 아픈 사연들을 듣게 되었을 때 내 문제에만 매여서 더 아픈 사연을 가지고 있는 다른 지체들을 돌보지 못했던 저의 어리석음을 보게 되었습니다. 그들이 흘리는 눈물을 보면서 순간적인 감정이 아니라 마음 깊숙한 곳에 아픔이 느껴졌습니다. 그리고 이런 마음은 하나님께서 우리를 하나의 가족이 되게 하셨음을 증명한다는 것을, 우리는 한 가족이라는 것을 다시 깨닫게 해 주셨습니다.

 **다리 놓기**

셀과 기존의 소그룹의 차이점에 대해 적어 온 것을 서로 발표하며 특징을 정리해 보자.

 벽돌 쌓기

1 집중의 능력

'집중할 때 능력이 나타난다'는 것은 매우 중요한 원리 가운데 하나다. 렌즈로 태양의 힘을 집중시키면 종이를 태울 수 있고 '모기도 모이면 천둥소리를 낸다'는 말이 있다. 셀도 집중할 때 능력이 나타난다. 셀이 갖고 있는 본질에 집중할 때 능력이 나타난다. 셀이 함께 모였을 때 집중해야 할 중요한 요소 3가지가 있는데 이것은 하나님이 디자인하신 셀의 세계로 들어가는 열쇠와도 같은 것이다.

2 셀모임의 3가지 열쇠

1. 그리스도의 임재 의식

(1) 의 미

"두세 사람이 내 이름으로 모인 곳에 나도 그들 중에 있느니라"(마 18:20)는 말씀처럼 셀모임 가운데 예수 그리스도께서 임재해 계신다고 하는 것을 믿고 그분의 강력한 임재를 구하는 것은 셀이 집중해야 할 본질 중의 본질이다. 기존의 소그룹 모임과 셀모임을 차별화해 주는 중요한 요소도 바로 그리스도의 임재 의식이라는 사실을 많은 리더들이 이구동성으로 고백하고 있다.

(2) 적 용

그리스도의 임재는 셀모임을 시작하면서 리더가 선포하는 것이 중요하다. 오늘의 셀모임이 우리들끼리의 모임이 아니라 우리 가운데 임재하시는 그리스도 중심으로 되어져야 함을 강조하는 것이 필요하다. 그리고 경배와 찬양을 진행하면서 다시 한 번 찬양을 통해 그리스도의 임재를 간구한다.

(3) 결 과

'배를 움직이는 것은 높이 솟은 돛이 아니라 보이지 않는 바람이다'라는 말이 있다. 셀을 셀 되게 하는 것은 바로 그리스도의 임재에 있다. 셀원들이 그리스도의 임재의식을 갖기 시작하면 이전과는 전혀 다른 결과들이 발생한다. 먼저 셀모임을 사모하게 되므로 다른 스케줄보다 우선순위를 두고 셀모임에 참여하게 된다. 또한 그리스도의 임재의식은 자연적으로 이뤄지는 두 번째 요소인 '나눔을 통한 변화'로 이어지게 된다.

이야기 한 토막

그리스도의 임재의식에 관한 한 리더의 간증을 들어 보자.
"시행착오 끝에 셀모임의 풍요로움과 만족은 프로그램이나 오락, 나눔보다는 하나님이 함께 하시는 셀모임 가운데 이루어진다는 것을 알았다. 찬양을 통해 먼저 우리의 마음을 하나님께로 모으고, 기도를 통해 하나님께 마음을 열어 고백하는 시간이 중요했다. 수많은 시행착오를 거쳐, 점차 하나님과의 만남과 치료하심, 지체를 통해 위로받고 격려하게 하심을 경험할 수 있게 되었다. 하나님의 사랑이 우리 가슴에 부어질 때만이 우리의 나눔이 깊어지고, 풍성해질 수 있다. 결국, 셀모임은 내가 이끌어가고, 내가 애쓴다고 해서 진정한 셀이 되는 것이 아니었다. 모든 것은 하나님께서 부어 주시는 은혜로 이루어지는 것이었다."

2. 나눔을 통한 변화

(1) 의미

"이는 이제 교회로 말미암아 하늘에서 정사와 권세들에게 하나님의 각종 지혜를 알게 하려 하심이니"(엡 3:10)라는 말씀처럼 셀교회의 가장 기초 단위인 셀을 통해 드러나는 하나님의 각종 지혜가 셀 가운데 임재하시는 그리스도를 통해 나타나게 된다. 그리고 이것을 위한 중요한 통로가 셀원들간의 나눔이다.

(2) 적 용

주일예배시 들은 설교 말씀을 자신의 삶 속에서 어떻게 실천하고 어떤 역사가 일어났는지에 대해 나누면서 다른 셀원들이 기대감을 갖게 된다. 아울러 말씀을 실천하지 못한 연약함을 고백하는 사람들을 통해서도 동일한 만지심과 새롭게 말씀을 삶 속에 실천하고자 하는 열정이 일어나게 된다.

아울러 셀은 '다른 지체를 위해 기도하는 가운데 나타나는 그리스도의 능력'을 경험하는 공동체. 이를 위해 행복한 것처럼 보이기 위해 쓰고 있는 은폐의 가면을 벗어 버리고 '진솔한 나눔'을 통해 자신의 마음을 여는 것이 필수적으로 요청된다. "이러므로 너희 죄를 서로 고하며 병 낫기를 위하여 서로 기도하라 의인의 간구는 역사하는 힘이 많으니라(약 5:16)"는 말씀처럼 지난 한 주 동안 자신이 범한 죄와 연약한 병까지 진솔하게 나눌 때 셀 안에 임재하신 그리스도의 능력을 통해 치유되고 변화되는 것을 보게 된다.

(3) 결과

나눔을 통해 그리스도의 능력을 셀원들이 체험하기 시작하면 강조하지 않아도 진실한 나눔이 생활화되는 놀라운 모습을 보게 된다. "저가 빛 가운데 계신 것같이 우리도 빛 가운데 행하면 우리가 서로 사귐이 있고 그 아들 예수의 피가 우리를 모든 죄에서 깨끗케 하실 것이요"(요일 1:7)라는 말씀처럼 거룩한 공동체로서 변화되게 된다. 이처럼 거룩한 공동체로 회복되는 것은 '하나님 아버지의 마음 알기'로 이어지게 된다.

웃음꽃 한마당

숫자 나라에 8.8과 9가 있었다. 8.8은 0.2가 작다는 이유로 9에게 늘 구박받으며 살았는데 어느 날 8.8이 9 앞에 당당히 어깨를 펴고 걸어오는 것이 아닌가? 9가 "너, 왜 그래?" 했더니 들려오는 대답 "나, 점 뺐어!"

◐ 셀모임을 통해 셀원들의 상처와 절망, 열등감의 점을 뺌으로 어깨 펴고 세상을 향해 당당히 나아갈 수 있게 된다.

셀 안에서의 진솔한 나눔과 그로 인한 놀라운 결과에 대한 실제적인 간증을 들어 보자.

"이제까지 늘 다시세 기도를 해 왔던 방식대로라면 돌아가며 이야기하고 듣고 함께 통성으로 기도하고 마치는 것으로 끝났을텐데, 그날은 하나님께서 우리 셀을 만지시기로 작정하신 날이었는지, 우리의 곤고한 마음들을 아시고 위로해 주셨는지, 그렇게도 굳게 닫혀 있었던 셀원들의 마음이 열리도록 역사하심을 체험할 수 있습니다.

먼저 늘 겉도는 얘기만 하던 아이가 눈물을 흘리며 자신의 외로운 마음, 곤고한 심정을 나누기 시작했습니다. 그 이야기를 듣고 있자니 가슴이 아파서 견딜 수가 없었습니다. 우리가 한 가족이라고 하면서 예수 그리스도의 몸에 붙은 지체라고 하면서 서로에 대해서 그렇게 무관심했다는 것이 너무 미안하고 속상했습니다. 이번엔 다른 지체가 이야기를 꺼냈는데, 그 지체도 상처난 가슴을 붙잡고 울면서 이야기를 하기 시작했습니다. 그가 혼자 겪었을 아픔의 시간들을 생각하니 애처롭고 미안한 마음이 들었습니다. 이야기를 나누는 과정에서 우리 모두는 울음바다가 되어 버렸습니다. 모두 퉁퉁 부은 눈, 아직도 채 진정되지 않은 마음들이었지만 그 어느 때보다도 우리가 얼마나 소중한 존재인지, 또한 우리 셀이 진정으로 하나 되는 공동체를 경험하는 귀한 시간이었음을 말하지 않아도 느낄 수 있었습니다. 침체되었다 싶었던 우리 셀이 주님 안에 있음을 알게 하시고, 공동체가 무엇인지, 주 안에 한 가족이 어떤 것인지 몸으로 마음으로 체험했던 귀한 시간이었습니다."

3. 하나님 아버지의 마음 알기

(1)의미
그리스도의 임재와 말씀, 삶을 나눔으로 거룩함을 체험한 하나님 사람들이 자연스럽게 나아가는 다음 단계는 추수를 향한 발걸음이다. 하나님의 성전의 단에서 취한 숯이 입에 닿아 악이 제하여지고 죄가 사하여진 이사야 선지자가 듣게 되었던 음성은 바로 이 세상을 향하신 하나님의 목적이었다. "내가 또 주의 목소리를 들은즉 이르시되 내가 누구를 보내며 누가 우리를 위하여 갈꼬 그 때에 내가 이르되 내가 여기 있나이다 나를 보내소서"(사 6:8). 셀 안에서도 이와 같은 현상이 일어난다. 그리스도의 임재와 능력을 통해 거룩함을 회복한 공동체는 이제 하나님이 이 세상을 향해 가지고 계신 추수의 비전을 바라보고 그 비전을 향해 나아가게 된다.

(2) 적용

이 추수의 비전은 '빈 방석'을 통해 구체적으로 적용할 수 있다. 셀 모임 가운데 빈 방석을 놓고 이 빈 방석에 우리와 함께 앉아야 할 잃어버린 영혼의 이름을 적고 구체적으로 기도하는 시간을 갖는다. 그리고 그들이 주께로 나오지 못하도록 방해하는 걸림돌과 장벽들이 무너지기를 위해 기도한다. 이와 더불어 그들을 주께로 인도하기 위해 지난 한 주 동안 어떤 노력을 시도했는지에 대해서도 구체적으로 나누며 새로운 시도를 향해 결단하는 시간을 갖는다.

(3) 결과

하나님 아버지의 마음에 대해 셀원들이 깨닫기 시작할 때 새로운 안목과 열정으로 불신자들을 품게 된다. 그리고 그들을 인도하기 위해 최선을 다하게 된다. 하나님 아버지의 마음이 생수처럼 흐를 때 셀은 받기만 하고 주지 않는 사해처럼 '친교병'에 걸려 죽어가는 것을 방지하게 된다.

이야기 한 토막

주님 품으로 인도하기 위한 불신자들의 이름을 적는 종이에 그들의 이름을 적고 기도할 때, 바로 그 불신자가 셀모임을 방문한 모습을 상상해 보라! "나를 위해 이렇게 여러 사람들이 기도해 왔다니 이런 사람들이 세상에 또 어디에 있단 말인가?" 많은 불신자들이 감동을 받고 셀 공동체 안에 정착하게 되는 역사가 일어난다.

셀 체험하기

1 마음 문 열기(Welcome)

당신이 힘들었을 때 도움을 주었거나 감동을 주었던 '친구'가 있다면 어떤 친구였고 어떤 일이 있었는지 이야기를 나눠 보자.

_____
_____
_____

2 경배와 찬양(Worship)

♪ 우리 가운데 임재하신 그리스도를 찬양한다.

이 땅 위에 오신 하나님의 본체 십자가에 달리사 우리 죄 사하셨네

하나님이 그를 지극히 높여 모든 이름 위에 뛰어난 이름을 주사
우리 예수 이름 앞에 절하고 모든 입이 주를 시인해
영광 중에 오실 주를 보리라 선포해
왕께 만세 존귀와 위엄을 찬양해
왕의 왕께 만세 주 예수 하나님

◆ 찬송가를 사용할 경우, 495장 '내 영혼이 은총입어'

♬ 우리 가운데 능력을 나타내시고 비전을 부어 주시도록 찬양 후 함께 기도한다.

우리 보좌 앞에 모였네 함께 주를 찬양하며
하나님의 사랑 그 아들 주셨네
그의 피로 우린 구원받았네
십자가에서 쏟으신 그 사랑 강같이 온 땅에 흘러
각 나라와 족속 백성 방언에서 구원받고 주 경배드리네
구원하심이 보좌에 앉으신 우리 하나님과 어린양께 있도다
구원하심이 보좌에 앉으신 우리 하나님과 어린양께 있도다

◆ 찬송가를 사용할 경우, 259장 '빛의 사자들이여'

3 나 눔(Word)
마태복음 18장 20절을 읽고 상호책임짝 2~3명과 나눈다.

1. 당신의 셀(목장, 구역) 가운데서 오늘 배운 셀의 3가지 열쇠에 대해 체험한 것이 있다면 해당되는 주제에 대해 서로 나누어 보자.

① 그리스도의 임재의식
② 나눔을 통한 변화
③ 하나님 아버지의 마음 알기

_____
_____
_____

2. 우리 셀(목장, 구역)가운데 셀의 3가지 열쇠를 사용하지 못하도록 하는 방해 요소는 무엇인지, 어떻게 하면 그것들을 극복할 수 있을지 서로 나누어 보자.

_____
_____
_____

4 사 역(Work)
1. 그리스도의 능력이 필요한 자신의 약한 모습을 상호책임짝과 함

께 나눈 후 소그룹별로 전체가 함께 기도한다.

2. 자신이 품고 있는 태신자가 주께로 나오지 못하도록 막고 있는 걸림돌을 제거하고 그들이 셀(목장, 구역)로 인도될 수 있기를 위해 간절히 기도한다.

준비하기
당신의 일주일의 삶 속에서 다른 사람들을 위해 쓰는 시간과 구체적인 내용을 기록해 오도록 한다.

지경을 넓혀 주는 정원이 있는 셀 _{3장}

집안에서뿐만 아니라 집 밖에 존재하는 아름다운 정원도 놓쳐서는 안 될 중요한 공간이라고 할 수 있다.

셀도 셀모임이 셀의 전부인 것처럼 안주하지 않고 셀 생활을 향해 지경을 넓히고 그것을 생활화하게 될 때 건강한 셀, 능력 있는 셀로 거듭나게 된다.

놓쳐서는 안 될 셀 생활이 무엇인지 함께 살펴보도록 하자.

 "몸 가운데서 분쟁이 없고 오직 여러 지체가 서로 같이 돌보게 하셨느니라 만일 한 지체가 고통을 받으면 모든 지체가 함께 고통을 받고 한 지체가 영광을 얻으면 모든 지체가 함께 즐거워하느니라 너희는 그리스도의 몸이요 지체의 각 부분이라"(고전 12:25~27).

"아무 일에든지 다툼이나 허영으로 하지 말고 오직 겸손한 마음으로 각각 자기보다 남을 낫게 여기고 각각 자기의 일을 돌볼 뿐더러 또한 각각 다른 사람들의 일을 돌보아 나의 기쁨을 충만하게 하라"(빌 2:3~4).

"서로 돌아보아 사랑과 선행을 격려하며"(히 10:24).

 현장의 목소리 듣기

기미란(셀리더 : vission-tt@hanmail.net)

여름 수련회를 통해 공동체가 무엇인지, 한 지체됨이 무엇인지 느끼고 혼자가 아니라 함께 신앙생활하며 서로 세워 주고 권면하는 것이 얼마나 중요한지 알았습니다. 그리고 특별 새벽기도회를 통해 서로를 위해 중보하는 것이 얼마나 큰 역사를 일으키는지 알았습니다. 서로 나누는 가운데 우리의 삶이 하나님께서 원하시는 방향으로 가게 되고, 한 주 동안 주님 안에서 승리하고 말씀과 기도로 무장되도록 스스로 노력하면서 서로를 위해 기도하고 연락하는 가운데 우리의 신앙이 날로 성장하고 있음을 볼 수 있었습니다. 언제나 우리의 모임과 나눔 가운데 하나님께서 임재하시고 서로가 서로에게 도전을 주며 서로 아껴 주고 사랑하는 셀이 되기를 간절히 소망합니다.

 **다리 놓기**

전기 게임을 통해 그리스도의 혈관과 같은 우리의 모습을 체험케 한다.

두 그룹으로 나누어 서로 손을 잡고 바라보고 앉게 한다. 진행자가 이 두 팀의 첫 번째 사람의 손을 잡고 비밀리에 신호를 보내면 양 팀이 손을 눌러 신호를 보내 마지막 사람이 두 팀 사이에 놓여 있는 목표물을 먼저 집도록 하는 게임이다. 진 팀은 마지막 사람이 첫 번째 자리로 오게 한다.

 벽돌 쌓기

1 셀 생활

셀에 처음 참여한 어떤 지체가 이런 의문을 제기했다.

"어떻게 일주일에 한 번 만나는 모임에서 자신의 얘기를 털어놓고 또 어떻게 서로를 이해할 수 있겠어요?"

셀교회가 주중 한 번 만나는 셀모임으로 끝난다면 이러한 지적은 상당히 설득력 있어 보인다. 그러나 셀교회는 한 번의 셀모임으로 끝나지 않는다. 셀이 주중에 한 번 모이는 셀모임으로만 존재한다면 그 셀은 건강하지 못할 뿐 아니라 진솔한 나눔에도 많은 어려움을 갖게 된다. 집 안에서 이루어진 셀모임은 정원으로 지경을 넓히는 주중 셀 생활의 삼총사로 연결된다. 이 점이 전통적인 교회 소그룹과의 큰 차이점이다. 셀은 주중에 계속되는 셀 생활이 병행될 때 수레의 두 바퀴처럼 균형 있게 앞으로 전진할 수 있다.

웃음꽃 한마디

어떤 여인이 체중으로 인해 고민하던 중 승마가 다이어트에 좋다는 이야기를 들었다. 한 달 후에 나온 결과 - 여인의 체중 그대로, 말 5kg 감소

➡ 셀 생활의 삼총사가 연결되지 않으면 셀모임의 3가지 열쇠가 갖고 있는 효과가 극대화될 수 없다.

2 셀 생활의 삼총사

1. 매일 기도의 생활화

(1) 의미

셀모임에서 서로를 위해 기도했던 다지세 기도 제목과 셀원들이 서로 나눈 기도 제목을 가지고 다른 셀원들을 위해 매일 기도하는 것을 생활화하는 것을 말한다.

(2) 적용

셀원들을 기도 체인으로 연결하여 기도의 전선을 구축하도록 한다. 아론과 훌이 모세의 팔을 들고 기도하는 영적 전선을 통해 아말렉의 군대를 무찌르고 승리의 깃발을 날릴 수 있었던 것처럼 셀원들이 영적 전쟁에서 승리케 하는 원동력이 된다.

(3) 결 과

이것은 셀모임에서 기도응답의 간증으로 이어지는 상승작용을 일으킨다. 미국에 3주간 다녀온 한 셀리더는 그곳에서도 셀 생각이 너무 많이 나서 셀원들의 이름을 한 사람 한 사람 불러가며 기도하는 자신을 보고 놀라움을 금치 못했다고 한다. 특히 새 가족들이 셀 지체들을 위해 기도하는 제목들이 바로 응답되는 것을 체험하고 셀 공동체 안에 깊이 뿌리내리는 것을 볼 수 있다.

웃음꽃 한마당

한 엄마가 어느 날 밤 잠자리에 들기 전 기도하는 아들의 소리를 듣게 되었다.
"사랑의 하나님, 로마를 터어키의 수도로 만들어 주세요!"
깜짝 놀란 엄마는 아들에게 물었다.
"너 어떻게 그런 기도를 할 수 있니? 터어키의 수도는 앙카라인데, 로마를 터어키의 수도로 만들어 달라니……."
아들은 애매한 표정으로 대답했다.
"엄마, 제가 오늘 학교에서 지리 시험을 봤거든요……."
◐ 셀 안에서 셀원들을 위해 '이 산을 들어 바다에 빠뜨리는' 강력한 기도가

일어난다.

2. 서로를 향한 자연스런 관심 표현

(1) 의미
주중에 적어도 한 번은 다른 셀원들에게 전화하거나 문자 메시지를 보내거나 이메일을 통해 서로에게 관심을 가져 주고 서로를 격려해 주도록 하는 것을 말한다.

(2) 적용
경청의 방을 통해 자신이 은혜 받은 말씀이나 교훈 등의 짧은 메시지를 셀원들에게 다양한 통신 매체를 통해 보내는 것을 생활화하도록 한다.

'경청의 방'이란?
경청의 방은 하나님께서 허락하신 그리스도의 몸된 셀 지체들을 품고 하나님을 향해 기도하고자 하는 가치를 머금은 마음, 시간, 장소를 모두 일컫는 말이다. 경청의 방을 통해 하나님 나라의 지혜와 능력이 셀 안에 강력하게 흐르게 된다.

(3) 결과
이것은 IT강국인 대한민국에 사는 우리를 강한 삼겹줄(전 4:12)로 연결시켜 주는 촉매제가 된다. 매주 전화나 문자 메시지를 받으면 기분이 좋고 힘이 난다는 고백, 아파 누워 있을 때 쏟아지는 문자 메시지를 받으며 지체들을 생각하면 가슴이 뭉클하고 목이 메이며 안 먹어도 배가 부르다는 고백들이 셀을 진정한 한 가족으로 결속시켜 주고 있다.

이야기 한 토막

청년들과 주고 받은 감동적인 문자메시지를 몇 가지 소개한다.
- 하루하루가 축제 같은 한 주 되시길~ 성령님의 사랑을 마구마구 쏟아내는 영향력 있는 존재로 추천합니다!
- 하나님~^^ So원2있어요^^ E문자받=사람 모두 Happy하게 해 주세요^^꼭e요~^^
- 어제 목사님의 축하에 큰 감동 받았어요~^^ 작은 것으로 큰 사랑을 느끼게 하시는 목사님~최고예요~!^.~
- 목사님 손수 문자까지 날려 주시다니 감사해요. 목사님 주일날 뵈요. 눈이 넘 예쁘게 와서 맘이 넘 좋아요. 요즘 리더풀이 얼마나 좋은지 늘 생각나구 기다려지네요. 군데 목사님 편찮으신거 보니 꼭 내가 아픈 것같이 가슴이.. 힘내시구요 꿀잠 주무세요 언늠회복!
- 캬하 기뻐요! 그 자매가 목사님의 이멜이 힘이 많이 됐다 그러더라구요.

3. 먹거리 만남을 통한 친밀감 향상

(1) 의미
한 달에 한 번 정도 셀모임 이외의 비공식적인 만남을 통해 서로 얼굴과 얼굴을 맞대고 함께 음식을 먹으며 친교하는 시간을 갖는 것을 말한다.

웃음꽃 한마디
셀은 피자를 한 판 시켜 놓고 이런 다짐을 한다. "우리 서로 얼굴을 피자", "관계를 피자", "셀 지경을 넓피자"

(2) 적용

다양한 취미, 레저 활동을 이러한 비공식적인 만남의 장으로 활용할 수 있다. 예를 들면 건찜모(건전한 찜질방 모임을 사모하는 자들의 모임)를 통해 좋은 친교의 효과를 거둘 수 있었다.

(3) 결과

이것은 닭갈비 재료를 준비해 '요리조리' 하는 재미! 음식이 너무 매워서 모든 셀원들이 다음 날 배탈이 나도 그것으로 웃음꽃을 피울 수 있는 공동체로 성숙시킨다.

셀 생활의 삼총사는 그리스도의 몸된 교회의 각 지체들의 혈관에 활력을 불어넣어 피가 활기차게 돌게 하고 이를 통해 셀이 건강하게 성장하도록 만드는 원동력이 되고 있다.

셀 체험하기

1 마음 문 열기(Welcome)

먼저 당신 자신이 가지고 있거나 주변에 있는 물건 가운데서 하나를 집어 보자. 그 물건을 사용하여 다른 지체를 위해 셀 생활을 실천할 수 있는 일을 말해 보자.

(예) 지갑: 내가 당신을 위해 영화표 예매했어요!

_____

_____

_____

2 경배와 찬양(Worship)

♪ 주 안에서 하나됨을 바라보며 찬양한다.

지금 우리는 마음을 합하여 진정으로 찬양할 때니
모이자 하나 되자 우리가 갈 길이라
찬양과(온 맘과 정성을 다해) 기도와(주님께서 기도하신 것처럼)
말씀 속에(권능으로 임하시니) 사랑으로 하나 되자
우리의 젊음 모두 다해 주님을 찬양하며
온 세상에 주의 사랑 전하리라
일어나 새벽을 깨우리라 지금 너희가 하나 될 때이니
일어나 새벽을 깨우리라 내가 너희와 함께 하리라

◯ 찬송가를 사용할 경우, 265장 '옳은 길 따르라 의의 길을'

♬ 우리 셀(목장, 구역) 공동체를 통해 주님이 기대하시는 것들이 이루어질 수 있도록 찬양 후 함께 기도한다.

주 안에 우린 하나 모습은 달라도 예수님 한 분만 바라네
사랑과 선행으로 서롤 격려해 따스함으로 보듬어 가리
주님 우리 안에 함께 계시니 형제 자매의 기쁨과 슬픔 느끼네
네 안에 있는 주님 모습 보네 그분 기뻐하시네
주님 우릴 통해 계획하신 일 부족한 입술로 찬양하게 하신 일
주님 우릴 통해 계획하신 일 너를 통해 하실 일 기대해

◯ 찬송가를 사용할 경우, 434장 '나의 갈 길 다가도록'

3 나 눔(Word)

빌립보서 2장 3~4절을 읽고 상호책임짝 2~3명과 나눈다.

1. 셀 생활의 삼총사가 활성화되지 못하도록 방해하는 요소들에는 어떤 것들이 있는지 나누어 보자.

① 매일 기도의 생활화
② 서로를 향한 자연스러운 관심 표현
③ 먹거리 만남을 통한 친밀감 향상

2. 셀 생활의 삼총사가 당신의 삶 속에서 활성화되기 위한 구체적인 전략을 세우고 나누어 보자.

4 사 역(Work)

1. 그리스도의 몸 안의 혈관이라고 할 수 있는 우리 셀 공동체 안에 셀모임과 셀 생활의 핵심 요소가 활성화되지 못하도록 방해하는 요소들이 사라지도록, 그리하여 그리스도의 거룩하고 능력 있는 보혈이 우리 셀 공동체 안에 흐르도록 함께 기도한다.
2. 자신이 품고 있는 태신자가 주께로 나오지 못하도록 막고 있는 걸림돌을 제거하고 그들이 셀(목장, 구역)로 인도될 수 있기를 위해 간절히 기도한다.

준비하기

다른 사람들과 당신의 관계를 나타내는 상징적인 그림을 그려 오라.
(예) 고독한 성 – 다른 사람들과 관계를 단절한 채로 살아가는 내 모습을 상징한 그림

4장
편안한 소파가 있는 셀

피로에 쌓인 가족들이 소파에 편안하게 앉아 커피 한 잔을 마시며 서로 정감 있는 대화를 하는 시간이야말로 가족간의 유대감을 높여 주는 소중한 통로라고 할 수 있을 것이다. 셀 안에도 편안한 소파와 같은 역할을 하는 것이 있다. 어떤 소파가 우리들을 편안하게 해 주는지 함께 소파에 앉아 보도록 하자.

"믿는 사람이 다 함께 있어 모든 물건을 서로 통용하고 또 재산과 소유를 팔아 각 사람의 필요를 따라 나눠 주며 날마다 마음을 같이하여 성전에 모이기를 힘쓰고 집에서 떡을 떼며 기쁨과 순전한 마음으로 음식을 먹고 하나님을 찬미하며 또 온 백성에게 칭송을 받으니 주께서 구원받는 사람을 날마다 더하게 하시니라"(행 2:44~47).

 현장의 목소리 듣기

박재일(셀리더 : police_park@hanmail.net)

"셀이 뭐지? 또 어떤 프로그램인가? 이건 몇 주짜리야?" 하지만 셀은 어떤 프로그램이 아니었습니다. 바로 나눔 그 자체이었습니다. 자신의 아픔과 고민을 내려놓고 서로가 서로를 위해서 격려하고 기도하고 한 주간 동안 꾸준히 기도해 주고 또 만나서 나누고…….

처음 보는 사람들에게 모든 것을 드러내고 과거의 일들을 설명하고 심지어는 울면서 아픈 마음을 내려놓을 수 있을까요? 그것은 하나님이 함께 하셔서 가능했습니다. 저는 사람들에게 한 것이 아닙니다. 우리 안에 계신 하나님께 내 입술로 고백한 것입니다. 사람들이 그 고백을 엿들었을 뿐 저는 사람에게 절대로 이야기한 것이 아닙니다. 그런데 놀라운 것은 그 사람들이 엿들은 이야기를 절대 소문내지 않는다는 것입니다. 예전에 다른 곳에서는 사람들에게 이야기하면 하루가 멀어 소문이 쫙 퍼졌었는데……. 셀에서 이야기한 것은 그 자리에 있는 사람이 아니면 절대 아무도 모릅니다. '아마도 이 사람들은 그 자리에 있었던 일을 기억하지 못하는 게 아닐까?' 의심이 될 정도랍니다. 이처럼 셀은 저에게는 커다란 감동이었습니다.

 **다리 놓기**

소그룹으로 나누어 현대인의 상호 관계를 나타내는 그림을 상징적으로 그려 본 후 발표하는 시간을 갖는다.
(예) 두 섬 사이에 살고 있는데 다리는 끊어지고 상어가 그 사이를 지나다 니고 있는 그림 등

 벽돌 쌓기

1 코이노니아

코이노니아는 '코와 이가 맞닿고 노닥거릴 정도의 아름다운 교제' 라고 할 수 있다. 초대 교회는 이런 아름다운 교제를 나누는 공동체였다. 초대 교회가 '서로 나누는 삶' 을 살았던 것처럼 셀원들도 서로 나누는 것을 의미한다.

'호박에 줄 긋는다고 수박이 되지 않고, 무가 다이어트한다고 인삼 되지 않고 당나귀가 해외연수 간다고 해서 말이 되어 돌아올 리는 없다.' 는 우스갯소리가 있다. 그러나 주 안에서 이루어지는 진정한 코이노니아는 사람을 변화시키는 능력의 통로가 된다.

이야기 한 토막

셀에서 이루어진 코이노니아를 통해 변화되어 가는 모습을 고백한 간증을 들어 보자.

"처음 경험한 셀의 느낌은 '편안함'이었다. 태어나서 처음 경험해 보고 느껴 본 '사랑'. 가식이 아니라 진심으로 사랑한다는 말의 의미를 셀을 통해 배웠다. 힘들 때 나를 위해 기도해 주는 사람들이 있다는 사실도 큰 기쁨이었다. 무엇보다도 나밖에 몰랐던 내가 다른 사람을 위해 기도하고 눈물흘릴 수 있다는 사실이 감사하다. 짧은 시간에도 이렇게 많은 깨달음과 감동을 주셨는데, 앞으로 나에게 부어 주실 하나님의 사랑이 기대가 된다!"

❷ 산 돌로 지어져 가는 셀 공동체

"너희도 산 돌같이 신령한 집으로 세워지고 예수 그리스도로 말미암아 하나님이 기쁘게 받으실 신령한 제사를 드릴 거룩한 제사장이 될지니라"(벧후 2:5).

"너희도 성령 안에서 하나님의 거하실 처소가 되기 위하여 예수 안에서 함께 지어져 가느니라"(엡 2:22).

셀에 속해 있는 한 사람 한 사람은 살아 있는 돌(a living stone)이라고 할 수 있다. 산 돌이 모여서 하나님이 거하실 처소인 교회 공동체를 이뤄 나간다는 말씀이 매우 역동적으로 다가온다.

3 산 돌들에 필요한 접착제

산 돌인 셀원들이 모여 참된 코이노니아를 실천함으로 하나님이 거하실 처소로 지어져 가기 위해서는 다음과 같은 접착제(모르타르)가 필요하다.

1. 사랑

"사랑 안에 두려움이 없고 온전한 사랑이 두려움을 내어쫓나니 두려움에는 형벌이 있음이라 두려워하는 자는 사랑 안에서 온전히 이루지 못하였느니라"(요일 4:18).

"하나님이 우리에게 주신 것은 두려워하는 마음이 아니요 오직 능력과 사랑과 근신하는 마음이니"(딤후 1:7).

예수 그리스도의 십자가 사랑을 통해 하나님과 우리, 나와 너(You & I) 사이의 관계가 회복되고 참된 코이노니아가 가능해진다. 동화 '브레멘 음악대'에 나오는 동물들이 할머니에게 물었다. "할머니, 다른 사람들은 우리 이야기를 알아듣지 못하는데 할머니는 어떻게 알아들을 수 있나요?" 그러자 그 할머니가 대답했다. "나도 처음에는 알아듣지 못했는데 너희들을 진심으로 사랑하고 보니 들리더구나!" 사랑은 진정한 코이노니아를 위한 징검다리다.

이야기 한 토막

사랑을 통한 참된 코이노니아에 대한 실제적인 이야기를 들어 보자.

"삼겹줄 기도할 때 저와 저희 셀리더 언니와 또 다른 언니가 같이 기도했습니다. 성령님의 강한 임재하심과 만지심이 있었습니다. 리더 언니의 진솔한 나눔이 저의 심장을 뜨겁게 했습니다. 리더 언니의 눈물의 고백이 저희의 마음을 뜨겁게 했습니다. 하나님께서는 그간 보지 못했던 저희 셀의 작은 틈과 벽들을 보이시고 그 아픈 상처들을 돌아보게 하셨습니다. 진정한 사랑과 믿음이 없이는 쉽게 나눌 수 없었던 부분을 주님은 드러내시며 치료해 주셨습니다. 저희는 손을 꼭 잡고 눈물로 하나님께 기도했습니다. 간절히 주님께 구했습니다. 저희의 기도를 들으신 하나님은 저희 마음의 아픔과 고통을 만져 주시고 회복시켜 주셨습니다. 예전보다도 더 단단해지고 어떤 공격이라도 이겨낼 수 있는 튼튼한 방어막을 저희에게 주셨습니다. 언니의 눈으로 인하여 진정으로 우리가 하나님 안에서 사랑으로 하나 된 가족이라는 것을 다시 한 번 느낄 수 있었습니다."

2. 섬김

"인자의 온 것은 섬김을 받으려 함이 아니라 도리어 섬기려 하고 자기 목숨을 많은 사람의 대속물로 주려 함이니라"(막 10:45).

"내가 주와 또는 선생이 되어 너희 발을 씻겼으니 너희도 서로 발을 씻는 것이 옳으니라 내가 너희에게 행한 것같이 너희도 행하게 하려 하여 본을 보였노라"(요 13:14~15).

예수께서 친히 제자들의 발을 씻기셨던 모범은 섬김의 지도력이었다. 제자들에게 "너희도 이같이 행하라"고 말씀하심으로 우리 사이에서도 섬김을 통해 참된 코이노니아가 가능함을 말씀해 주신 것이다.

이야기 한 토막

윌로우크릭 교회의 빌 하이벨스 목사는 섬김에 대해 인상적인 비유를 들어 주었다. 참된 섬김은 주인이 두 손을 사용해서 개를 부르는 것과 같은 행동이 아니라 고급 레스토랑에서 수건을 두른 종업원들의 모습을 보여 주었던 것이었다. "언제든지 불러만 주십시오. 모든 준비가 되어 있습니다." 이것이 진정한 그리스도인의 섬김의 모습이라는 것이다.

3. 진솔한 나눔

"저가 빛 가운데 계신 것 같이 우리도 빛 가운데 행하면 우리가 서로 사귐이 있고 그 아들 예수의 피가 우리를 모든 죄에서 깨끗케 하실 것이요"(요일 1:7).

"이러므로 너희 죄를 서로 고하며 병 낫기를 위하여 서로 기도하라 의인의 간구는 역사하는 힘이 많으니라"(약 5:16).

각자가 쓰고 있는 행복해 보이려는 가면을 벗고 진솔한 나눔을 갖는 것이 참된 코이노니아를 가능케 한다. 짐 캐리가 주연한 '마스크' 라는 영화는 그가 자신의 진정한 모습을 감추고 혼돈케 만들었던 마스크를 강물에 집어던지는 장면으로 끝을 맺는다. 우리도 우리의 진정한 모습을 감추고 혼돈케 하는 가면을 과감히 집어던질 때 진정한 코이노니아가 가능해진다.

4. 용납

"모든 겸손과 온유로 하고 오래 참음으로 사랑 가운데서 서로 용납하고"(엡 4:2).

"누가 누구에게 불만이 있거든 서로 용납하여 피차 용서하되 주께서 너희를 용서하신 것 같이 너희도 그리하고"(골 3:13).

부모가 자녀를 용납하듯 셀 안에서 서로를 용납하여 가족의 속성을 강화시켜 가게 된다. 용납한다는 것은 우리에게 불이익을 주고 우리 생각과 기준이 다른 지체가 있더라도 그를 가족의 울타리에서 밖으로 내치지 않고 용납이라는 통로를 통해 우리에게로 더 가까이 이끄는 것이라고 할 수 있다.

차를 운전하면서 가다가 아들이 틀어 준 '나도 끼워줘' 라는 이야기 테이프의 내용이다. 곰이 자신의 생일 잔치를 하려고 하는데 초청에서 제외할 동물들의 이름과 그 이유를 말하고 있는 장면이다. "하마는 뚱뚱해서 안 되고 악어는 입이 커서 안 되고 코끼리는 코가 길어서 안 되고 원숭이는 못생겨서 안 되고 호랑이는 시끄러워서 안 되고……. 그럼 누가 되지?" 이 마지막 질문은 우리를 향한 주님의 질문은 아닐까?

이야기 한 토막

수련회 기간 동안 기도가 되지 않는 지체들을 위해 기도할 때 "평소에 기도하지 않으니 이럴 때에도 기도가 안 된다"고 비난했던 한 지체가 셀을 통해 용납을 경험한 후에는 그들을 바라보며 마치 자신이 기도가 되지 않는 것처럼 답답해하고 그들을 위해 눈물을 흘리며 기도하는 자신의 모습을 보고 놀랐다는 간증은 셀 안에서 이루어지는 용납이 무엇인지 보여 주는 좋은 예라고 할 수 있다.

웃음꽃 한 마당

어떤 사람이 자신의 팔에 앉아 있는 모기를 잡으려고 손을 뻗으려고 하는데 그때 모기가 그 사람에게 하는 말, "나를 이대로 내버려 두세요. 내 몸에는 당신의 피가 흐르고 있어요."

4 코이노니아의 담을 허무는 여우들

포도원의 담을 허물어뜨리는 여우처럼 코이노니아의 담을 허무는 것들이 있다.

1. 성취 지향의 사다리

많은 그리스도인들이 '관계' 보다 '성취' 라는 성공의 사다리를 오름으로써 참된 코이노니아를 허물어 가고 있다. 셀교회의 아버지 랄프 네이버는 가인의 후예들이 성취 지향적이었다면 셋의 후예들은 관계 지향적이었으며, 하나님은 셋의 후예들을 칭찬해 주셨다고 그의 책

『셀교회 지침서』에서 말하고 있다. 다시 말해 가인은 성을 쌓고, 야발은 육축 치는 자의 조상이 되었고, 유발은 수금와 퉁소를 잡은 모든 자의 조상이 되었으며, 두발가인은 동철로 각양 날카로운 기계를 만드는 자가 되는 등 성취지향적인 사람들이었다. 반면 셋의 후손인 에노스는 여호와의 이름을 부르며 하나님과 교제했으며 하나님께서 이들이 이 땅에서 산 날수를 헤아리실 만큼 이들은 하나님 보시기에 중요한 사람들이었다.

2. 분주함

분주함으로 인해 중요한 일보다는 급한 일을 하는 데 익숙해져서 참된 코이노니아의 걸림돌이 되고 있다. 당신 수첩의 스케줄을 한 번 점검해 보면 이 사실을 깨닫게 될 것이다.

3. 코이노니아에 대한 공포

다른 사람으로부터 거절당하거나 신뢰가 깨어지거나 조종당할 것에 대한 두려움은 참된 코이노니아를 허무는 큰 걸림돌이다.

이야기 한 토막

세상에서 가장 빠르게 전달되는 통신은 일명 '아줌마 통신'이라고 한다. 어떤 모임 안에서 이루어진 이야기에 대해 그 비밀을 지키지 못하고 "아무개 엄마 한테만 말하는데……."하면서 소문을 퍼뜨리고 다니는 것에 대한 두려움이 셀 안에서 참된 코이노니아를 방해하는 무서운 복병이다.

이러한 코이노니아를 허무는 세력들을 극복하기 위한 방법과 지혜는 상호책임짝을 통해 발견할 수 있다. 다음은 그 좋은 예의 간증이다.

"셀은 서로 연합하여 하나가 됨을 느낄 수 있었던 시간이었습니다. 3명이 함께 짝을 이루어 서로 연락하고 서로의 마음을 나누고 기도하며 주 안에서 하나가 됨을 느꼈습니다. 다른 지체의 아픔이 나의 아픔이 되고 그의 기도제목이 나의 기도제목이 되어 가며 함께 주께 나아가고 성장을 위해 서로 돕는 시간이었습니다."

셀 체험하기

1 마음 문 열기(Welcome)
2명씩 마주 보고 웃지 않게 한다. 먼저 웃는 사람이 지는 사람이 되어 상대방에게 안마를 해 준다.

2 경배와 찬양(Worship)
♪ 그리스도 안에서 산 돌인 서로를 축복하며 함께 찬양한다.

당신은 사랑받기 위해 태어난 사람
당신의 삶 속에서 그 사랑받고 있지요(X2)
태초부터 시작된 하나님의 사랑은 우리의 만남을 통해 열매를 맺고
당신이 이 세상에 존재함으로 인해
우리에겐 얼마나 큰 기쁨이 되는지

당신은 사랑받기 위해 태어난 사람 지금도 그 사랑 받고 있지요(X2)

○ 찬송가를 사용할 경우, 278장 '사랑하는 주님 앞에'

♬ 우리의 참된 코이노니아를 가능케 하신 주님을 찬양하며 그 사랑과 섬김으로 하나 될 수 있도록 기도한다.

하나님 어린양 독생자 예수 날 위해 죽으신 주님
주 흘리신 그 보혈이 나의 죄를 정결케 하네
내 영을 고치시네 송축하리라 화목케 하신 주
나의 모든 죄 깨끗케 하셨네
송축하리라 귀하신 어린양 모두 절하고 모두 외치리라

○ 찬송가를 사용할 경우, 373장 '세상 모두 사랑없어'

3 나 눔(Word)
사도행전 2장 44~47절을 읽고 상호책임짝 2~3명과 나눈다.

1. 당신에게 있어서 참된 코이노니아의 걸림돌은 무엇이었는지 구체적인 사례와 함께 나누어 보자.
① 성취 지향의 사다리
② 분주함
③ 코이노니아에 대한 공포 (기타 : _____)

2. 위에서 나눈 걸림돌을 극복할 수 있는 구체적인 방안을 나누어 보자.

4 사 역(Work)

1. 참된 코이노니아를 가로막는 걸림돌들을 제거하는 기도를 함께 드린다.

2. 자신이 품고 있는 태신자가 주께로 나오지 못하도록 막고 있는 걸림돌을 제거하고 그들이 셀(목장, 구역)로 인도될 수 있기를 위해 간절히 기도한다.

준비하기

하나님께서 당신에게 주신 은사가 무엇인지 이유나 사례와 함께 적어 온다.

(예) 섬김의 은사 – 늘 뒷정리는 내가 남아서 한다.

5장
유용한 베란다가 있는 셀

베란다는 참으로 유용한 공간이다. 꽃과 화초들을 놓을 수 있는 장소일 뿐만 아니라 무엇인가 고장났을 때 그것을 새롭게 고칠 수 있는 유용한 공구함을 놓을 수 있는 곳이기도 하다. 특별히 다양하고 유용한 연장들이 들어 있는 공구함은 꺼내서 사용하기만 하면 집 안을 리모델링할 수 있는 능력이 담겨 있다.

셀 안에서 우리들에게 주신 은사들을 발견하고 그것을 통해 다른 지체들을 세워 나간다면 셀은 아름답게 리모델링될 수 있을 것이다.

어떠한 유용한 것들이 담겨져 있는지 함께 살펴보도록 하자.

"그가 어떤 사람은 사도로, 어떤 사람은 선지자로, 어떤 사람은 복음 전하는 자로, 어떤 사람은 목사와 교사로 삼으셨으니 이는 성도를 온전하게 하며 봉사의 일을 하게 하며 그리스도의 몸을 세우려 하심이라 우리가 다 하나님의 아들을 믿는 것과 아는 일에 하나가 되어 온전한 사람을 이루어 그리스도의 장성한 분량이 충만한 데까지 이르리니 이는 우리가 이제부터 어린 아이가 되지 아니하여 사람의 속임수와 간사한 유혹에 빠져 온갖 교훈의 풍조에 밀려 요동하지 않게 하려 함이라 오직 사랑 안에서 참된 것을 하여 범사에 그에게까지 자랄지라 그는 머리니 곧 그리스도라 그에게서 온 몸이 각 마디를 통하여 도움을 받음으로 연결되고 결합되어 각 지체의 분량대로 역사하여 그 몸을 자라게 하며 사랑 안에서 스스로 세우느니라"(엡 4:11~16).

 현장의 목소리 듣기

김혜영(셀리더: 107smile@hanmail.net)

셀, 제 삶을 변화시킨 엄청난 주님의 은혜라 생각합니다. 누군가에게 나의 맘을 오픈한다는 건 생각지도 못했던 일이었습니다. 그것도 친한 사람들도 아닌, 단지 겉으로만 알고 있는 셀원들과 의무감으로 삶을 나눠야 한다는 것을 이해하지 못했습니다.

재수를 하면서 저는 하나님과 대화하는 시간이 많아졌습니다. 외롭게 혼자 걸어가는 시간 속에서 주님이 보여 주시고 말씀하시는 것들을 언제부턴가 내 맘속에 혼자 갖고 있을 수만은 없다는 생각이 들었습니다. 조금씩 나의 삶 속에서 일어나는 크고 작은 일들을 셀원들과 나누게 되었고, 이 나눔들이 다른 지체에게 영향을 끼치는 것을 눈으로 확인할 수 있었습니다. 나를 통해 다른 지체에게 말씀하시는 주님, 서로 중보하는 가운데 역사하시는 하나님······. 한 주 한 주 셀모임을 할수록 저는 변해 갔습니다. 내 마음의 상처, 쓴 뿌리, 꽁꽁 숨겨 두었던 잔재들을 하나씩 발견하게 된 것입니다. 어느 누구도 온전한 사람은 없지만, 놀라운 것은 그 상처받은 곳에 다른 사람을 치유할 수 있는 능력 또한 있다는 것을 깨달았습니다.

성격이 밝아 어느 사람이든 먼저 다가가 마음을 열게 하는 지체가 있는가 하면 조용히 자신의 자리에서 눈물 흘리며 중보하는 지체, 어느 얘기든 귀 기울이며 경청해 주는 지체, 음식이나 아기자기한 선물로 사랑을 표현하는 지체, 칭찬과 세워 줌의 은사가 있는 지체 등 하나님은 우리 가운데 숨겨져 있는 자신만의 은사들을 발견케 하셨고 서로가 통로가 되어 우리의 낮은 자존감을 세우시고 상처를 회복시키셨습니다. 마치 조각난 퍼즐이 하나 둘 맞춰지며 하나의 멋진 그림을 완성시키듯이 우리 미완성의 자아들이 각자의 은사로 서로 치유되는 놀라운 일들을 체험한 것입니다.

 **다리 놓기**

5~6명이 한 그룹이 되어 함께 지혜를 모아 다음의 문제를 풀게 한다.
첫째, 이쑤시개 10개로 정사각형 2개 만들기

둘째, 이쑤시개 6개로 정삼각형 4개 만들기

(단, 꺾거나 겹치거나 부러뜨리는 것 금지)

(힌트: 크기와 공간에 대한 기본적인 패러다임을 극복하면 쉽게 맞출 수 있다)

◐ 청지기직과 성령의 은사에 대해 갖고 있는 옛 패러다임을 극복해야 한다.

 벽돌 쌓기

1 청지기(오이코노모스)

우리 모두는 하나님의 청지기다. 청지기는 헬라어로 '오이코노모스'인데 이는 '오이코스', 다시 말해 '하나님 안에서 한 가족을 이룬 공동체'가 필요로 하는 것을 주인이신 하나님으로부터 지원받아 가장 적당한 때에 공급해 주는 역할을 감당하는 사람이라는 뜻이다.

> "주께서 가라사대 지혜 있고 진실한 청지기가 되어 주인에게 그 집 종들을 맡아 때를 따라 양식을 나누어 줄 자가 누구냐 내가 참으로 너희에게 이르노니 주인이 그 모든 소유를 저에게 맡기리라"(눅 12:42, 44).

그러므로 청지기에게 있어서 중요한 역할은 오이코스들과 친분 관계를 잘 맺어 그들의 상태를 정확히 파악하는 것이다. 그리고 자신이 중계자의 역할을 감당하는 존재라는 사실을 잊지 않는 것이다.

2 성령의 은사와 청지기직

"각각 은사를 받은 대로 하나님의 각양 은혜를 맡은 선한 청지기 같이 서로 봉사하라"(벧전 4:10).

하나님께서는 우리들이 셀 안에서 청지기직을 감당할 수 있도록 우리에게 각각 은사를 허락해 주셨다. 그러므로 우리에게 허락하신 성령의 은사가 무엇인지 확인하고 그것을 개인적인 차원이 아닌 셀 공동체 차원에서 감당해야 한다. 다시 말해 그리스도의 몸의 각 지체로서 자신에게 주신 은사를 활용하고 함께 연합함으로써 가장 효과적으로 청지기직을 감당할 수 있게 된다.

브릭맨Brickman 교수는 셀 크리닉 과정에서 성령의 은사와 청지기직을 우리 몸과 연관지어 다음과 같이 새롭게 조명했다.

도표 1

우리 몸의 시스템	몸 안에서의 기능	은사, 봉사의 직무
골격	보호와 후원	감독, 조직 관리자
근육 조직	힘과 행동	봉사, 동원
호흡기 계통	산소공급과 이산화탄소 배출	예배, 음악, 춤, 드라마
배설기 계통	제거와 세척	귀신 쫓음, 권고, 영혼 치료
소화기 계통	소화와 영양 흡수	가르침
순환기 계통	돌봄과 양육	자비, 구제, 돌봄, 양육
내분비 계통	조절과 통합	인도, 가치와 방향, 목양스태프
신경 계통	감각적인 입력	예언자적인 각성, 예언자적인 사역
생식기 계통	출산	전도, 선교사, 봉사 활동
면역 계통	질병 방지	중보기도, 방어시스템, 중보기도자

셀이 유기적인 몸이 되어 각자에게 주신 기능을 잘 감당하게 될 때 그 몸은 건강해진다. 그럴 때 영적으로 새롭게 이식된 지체들도 그 안에서 지체됨의 소속감을 가질 수 있다는 고백들을 들어 보자.

"마음이 너무 불안해서 평안을 얻으려고 친구를 따라 처음 교회에 오게 되었다. 사실 한 번만 오고 다음부터는 안 오려고 했었다. 그러나 셀에서 하는 마니또가 내 발을 붙잡았고 그 후로 계속 교회를 나오게 되었다. 교회는 나에게 마음의 안정과 평안을 주었고 셀모임은 공허했던 나에게 소속감과 감동을 주었다."

"셀모임과 HBC(Hansomang Basic Community)를 통해서 주님께 좀 더 가까이 갈 수 있었다. 일상적인 생활 속에서 느끼는 공허함을 기쁨과 풍요로움으로 채우게 되었다. 혼자서 주님께 다가가기에는 모르는 것도 부족한 것도 너무 많았기에 셀이라는 공동체는 나에게 큰 도움이 되었다."

웃음꽃 한마당

'군대에는 인재가 남아돈다' 는 말이 있다. 김병장이 대원을 소집시켰다.

김병장: 여기서 검도한 사람 누구야?

강이등병 : 네! 제가 사회에 있을 때 검도 좀 했습니다!

김병장: 몇 단인데?

강이등병: 2단입니다!

김병장: 2단도 검도냐? 다른 사람 없어?

이일등병 : 네! 제가 검도 좀 오래 배웠습니다!

김병장 : 몇 단인데?

이일등병 : 5단입니다!

김병장 : 그래? 이리 와서 파 좀 썰어라.

◐ 하나님께서 우리에게 주신 소중한 은사를 정작 필요한 곳에 사용하지 못하고 있는 우리의 모습은 아닐까?

3 성령의 은사의 흐름과 오이코도메오

셀 안에서 성령의 은사는 어떻게 흘러가는가? 먼저 셀원들이 자신에게 있는 필요를 진솔하게 내놓는 것이 중요하다. 그러면 다른 셀원들이 이 필요를 한 손에 붙들고 다른 한 손은 하나님을 향해 들어 민망히 여기는 마음으로 간구한다. 그러면 하나님께서 주시는 성령의 은사가 흘러 들어와 그 필요를 채워 주시고 그것을 통해 그 사람을 세워 주시는 것을 모든 공동체가 함께 체험하게 된다.

"그런즉 형제들아 어찌할꼬 너희가 모일 때에 각각 찬송시도 있으며 가르치는 말씀도 있으며 계시도 있으며 방언도 있으며 통역함도 있나니 모든 것을 덕을 세우기 위하여 하라"(고전 14:26).

• 이야기 한 토막

휴가 때가 되어 고속도로를 한참 달리고 있는 남편에게 아내가 갑자기 발을 동동 구르며 말했다. "여보 여보! 어떻게 어떻게! 다리미 꽂아 놓고 코드 안 빼고 왔어!" 그래서 부랴부랴 집에 돌아와 보니 아내의 착각이었다. 가을이 되었다. 단풍 여행을 위해 한참 고속도로를 달리고 있는데 또다시 아내가 갑자기

발을 동동 구르며 말하는 것이었다. "여보 여보! 어떻게 어떻게! 다리미 다리미!" 그런데 버럭 화를 낼 줄 알았던 남편은 미소를 지으며 다음과 같이 말했다. "내 그럴 줄 알고 다리미를 트렁크에 싣고 왔지롱!"

◐ 셀 안에 있는 다른 지체들의 약점을 감싸 주고 세워 주는 일이 셀 안에서 일어나야 한다.

셀 체험하기

1 마음 문 열기(Welcome)

위의 도표 1(p77)을 통해 위에서 살펴본 10가지 성령의 은사와 몸의 기능을 연결해 놓은 항목 중 당신이 셀(목장, 구역) 안에서 당신이 감당해야 할 성령의 은사와 가장 근접한 것은 어떠한 것인지 나누어 보자.

_____
_____
_____

2 경배와 찬양(Worship)

♪ 하나님의 기쁨이 되기를 소망하면서 함께 찬양한다.

나 주님의 기쁨되기 원하네 내 마음을 새롭게 하소서
새 부대가 되게 하여 주사 주님의 빛 비추게 하소서
(후렴) 내가 원하는 한가지 주님의 기쁨이 되는 것(x2)

◐ 찬송가를 사용할 경우, 350장 '나의 죄를 정케 하사'

♪ 연약한 우리를 통해 하나님의 능력을 드러내시기를 기도한다.

약할 때 강함 되시네 나의 보배가 되신 주 주 나의 모든 것
주안에 있는 보물을 나는 포기할 수 없네 주 나의 모든 것
예수 어린양 존귀한 이름 예수 어린양 존귀한 이름

십자가 죄 사하셨네 주님의 이름 찬양해 주 나의 모든 것
쓰러진 나를 세우고 나의 빈 잔을 채우네 주 나의 모든 것
예수 어린양 존귀한 이름 예수 어린양 존귀한 이름

◐ 찬송가를 사용할 경우, 372장 '나 맡은 본분은'

❸ 나 눔(Word)
에베소서 4장 11~16절을 읽고 상호책임짝 2~3명과 나눈다.

1. 하나님께서 주신 성령의 은사를 통해 다른 사람들을 세워 주었던 경험을 나누어 보자.

_____
_____
_____

2. 성령의 다양한 은사가 우리 셀(목장, 구역) 안에 흐르지 못하도록

방해하는 요인은 무엇인지, 어떻게 하면 그것을 극복할 수 있을지 서로 나누어 보자.

_____
_____
_____

4 사 역(Work)

1. 성령의 은사가 흐르는 것을 가로막는 걸림돌들을 제거하는 기도를 함께 드린다.

2. 자신이 품고 있는 태신자가 주께로 나오지 못하도록 막고 있는 걸림돌을 제거하고 그들이 셀(목장, 구역)로 인도될 수 있기를 위해 간절히 기도한다.

준비하기

하나님의 강력한 치유의 역사를 위해 우리들이 취해야 할 태도인 야고보서 5장 16절 말씀과 히브리서 4장 12절을 여러 번 읽고 암송해 온다.

6장
정결케 하는 욕실이 있는 셀

세상에 나가 더러워진 우리 몸을 깨끗이 씻어 주는 욕실이 있다는 것은 집 안에서 누릴 수 있는 하나의 축복이다. 현대 가옥에는 화장실이 욕실 안에 함께 있다. 우리들의 몸 안에 존재하는 버려야 할 노폐물들을 시원하게 씻어 버릴 수 있는 공간이 있다는 것은 다시 한 번 우리들의 몸과 마음을 가볍게 해 준다.

셀을 통해 세상에서 더러워진 우리들의 몸과 마음과 영혼을 깨끗이 씻을 수 없다면 우리는 중요한 기능을 놓치고 있는 것이다. 셀을 정결케 하는 욕실로 함께 들어가 보도록 하자.

"너희는 하나님의 은혜에 이르지 못하는 자가 없도록 하고 또 쓴 뿌리가 나서 괴롭게 하여 많은 사람이 이로 말미암아 더럽게 되지 않게 하며"(히 12:15).

"너희 중에 고난 당하는 자가 있느냐 그는 기도할 것이요 즐거워하는 자가 있느냐 그는 찬송할지니라 너희 중에 병든 자가 있느냐 그는 교회의 장로들을 청할 것이요 그들은 주의 이름으로 기름을 바르며 그를 위하여 기도할지니라 믿음의 기도는 병든 자를 구원하리니 주께서 그를 일으키시리라 혹시 죄를 범하였을지라도 사하심을 받으리라 그러므로 너희 죄를 서로 고백하며 병이 낫기를 위하여 서로 기도하라 의인의 간구는 역사하는 힘이 큼이니라"(약 5:13~16).

현장의 목소리 듣기

윤현철(셀리더 : quest99@hanmail.net)

사람들에게는 각자 다 연약한 부분이 있는 것 같습니다. 오래 전부터 느껴 왔던 내성적인 성격, 마음을 어둡게 만드는 우울증, 그리고 자기 비하의 말들을 고치려고 여러 번 시도하고 노력해 보았지만 뜻대로 되지 않는 경우가 많았고, 이러한 결과들이 나를 누르곤 했습니다.

주님의 일을 하는 데 있어서도 자꾸 위축되어 '이 모습을 가지고는 그 일들을 감당할 수 없을 거야. 말도 제대로 하지 못하는 내가 무슨 리더가 될 수 있겠어? 하고 이내 일들을 포기하게 되거나 '아직은 때가 아니야' 라고 망설이게 했습니다.

인턴 리더가 되기 위해 리더풀에 참여하라는 제의를 받았을 때 마음이 편치 않았습니다. 일단 리더는 말을 잘해야 한다는 고정관념이 있는 데다 셀모임 때 한 명씩 돌아가며 무언가를 대답해야 할 때마다 "무슨 말을 해야 할까? 뭐라고 말하지?"하는 생각만으로도 심장의 박동이 빨라지는 나 자신이 너무나 부담스러웠고, 이러한 모습은 '과연 내가 리더가 될 수 있을까?' 라는 의문을 끊임없이 갖게 했습니다.

리더풀에 참여하려면 일주일 중에 하루를 헌신해야 하는데 그것 또한 결단을 망설이게 하는 한 요소였습니다. 하지만 하나님께서는 저를 쓰시려고 작정하셨는지 다른 군인들과는 달리 오후와 주일을 자유롭게 보낼 수 있는 가까운 근무지로 배치되면서 리더풀에 참여할 수 있게 되었습니다.

매주 화요일 저녁 '화요 리더풀'에 참여하면서 처음에 가지고 있던 마음의 부담감들은 차츰 없어지기 시작했고 그 안에 계신 하나님을 더욱 깊이 만날 수 있었습니다. 또한 기존의 생각들이 와르르 무너지기 시작했고 새로운 것들을 한 주 한 주 깨달아 감에 따라 살아가는 데 큰 힘이 되었습니다.

가장 중요한 것은 내 안에 내적인 치유가 있었다는 사실입니다. 상당히 오랜 시간 고민하고 힘들어했던 나의 내성적인 성격과 우울증을 한 번도 다른 사람들에게 꺼내 놓은 적이 없었는데 '내적 치유 수양회'와 다른 모임을 통해 나의 연약함들을 내려놓게 되었습니다. 하나님께서는 이것들이 리더의 삶으로 살아가는 데 있어서 전혀 필요없음을 확인시켜 주시듯 모두 치유하여 주셨습니다.

지금은 전보다 활동적인 모습으로 바뀌었고 때로는 우울한 모습이 남아 있지만 예전과 같지는 않습니다. 나의 모든 생활 패턴이 '하나님

중심적'으로 바뀌었습니다. 나를 쓰시는 하나님께 감사드립니다. 앞으로도 더욱 많이 변화할 것을 기대하며 나아갈 것입니다.

 **다리 놓기**

스트레스나 상처를 받았을 때 당신은 그것을 어떻게 해결해 나가는지 나누어 보자.

_____
_____
_____

 벽돌 쌓기

1 무한한 치유가 필요한 시대

우리가 살고 있는 시대는 지속적이고 무한한 치유가 필요한 시대라고 할 수 있다. 단적인 예로 대구 지하철 참사를 일으킨 장본인의 이야기를 들어 보면 치유되지 못하고 쌓인 감정의 폭발이 원인이었다는 것을 생각해 볼 때 이러한 사실을 동감하게 된다. 교회도 마찬가지다. 많은 성도들이 가정, 관계, 신앙, 경제 등등의 문제로 심각한 갈등을 겪고 있으며 성도들 역시 지속적인 치유가 필요한 시대적 환경 속에 살고 있는 것이다.

이야기 한 토막

로키산맥 서쪽 기슭에 세계적으로 아주 큰 세코이아 나무가 있었다. 무려 2천 년이나 된 이 나무는 앞으로도 몇 세기는 어려움 없이 살 수 있으리라고 사람들은 전망했다. 그런데 이 나무가 쓰러지고 말았다. 재미있는 사실은 이 나무를 쓰러뜨린 것이 거대한 폭풍우나 산불이나 홍수나 가뭄이 아니라 작은 풍뎅이 한 마리에서 시작되었다는 것이다.

세코이아 나무에 조그만 풍뎅이 한 마리가 알을 깠다. 처음에 사람들은 그것을 대수롭지 않게 여겼다. 그러나 수십, 수백 마리가 되고 또 그 이듬해 수천, 수만 마리로 불어나자 문제는 심각해졌다. 풍뎅이들이 껍질을 망치고 나무 속까지 파고 들어가 결국 세코이아 나무는 견디다 못해 쓰러지고 말았다.

● 작은 상처 하나를 방치하게 될 때 그것이 그 사람을 쓰러뜨리고 만다. 작은 상처부터 치유하는 일이 요청되는 시대에 살고 있다.

웃음꽃 한마당

어느 날 토끼가 콜라를 사러 갔다. 가게에 가서 "아저씨, 콜라 7병만 주세요." 그러자 아저씨가 콜라를 갖다 줬다. "700원짜리 7병이니까 4900원이다." 아저씨가 콜라 7병을 토끼에게 주자 토끼가 "아저씨, 받아요!"하고는 100원짜리 동전 49개를 바닥에 던져 버리는 것이었다. 아저씨는 무척 화가 났다. 토끼가 다시 콜라를 사러 왔다. "아저씨, 콜라 7병만 주세요." 아저씨가 갖다 주려고 하자 토끼가 만 원짜리를 내는 것이 아닌가! 입가에 미소가 만연한 아저씨……. 토끼가 거스름돈을 달라고 하자 "토끼야, 받아라!"하면서 거스름돈 100원짜리 동전 51개를 바닥에 뿌렸다. 아저씨는 속이 후련했다. 그 모습을 지켜 보던 토끼가 땅바닥에 떨어져 있는 100원짜리 동전 두 개를 주우면서 하는 말, "아저씨, 콜라 7병 더 주세요!"
○ 관계 속에서 끊임없이 상처를 받는 우리들의 모습을 잘 보여 주는 이야기가 아닌가?

2 치유의 요람으로서의 셀

인도네시아의 에디 레오 목사가 소개한 BBC를 변형하여 HBC(Hansomang Basic Community : 한소망교회의 가장 기초가 되는 작은 공동체)를 만들었다. 셀모임시 2~3인이 서로 상호책임짝을 이루어 '두세 사람이 내 이름으로 모인 곳에 함께 하시는 주님'(마 18:20)의 임재와 능력을 통해 놀라운 치유와 회복을 체험하고 있다. HBC를 통해 이루어지는 구체적인 내용은 다음과 같다.

1. 기도와 말씀을 통한 하나님의 임재 경험 나누기

- 지난 주 나의 기도 생활(지체들을 위한 경청의 방 포함)을 통한 임재 경험을 나눈다.
- 지난 주 묵상한 성경 말씀이나 실천한 설교 말씀을 통한 임재 경험을 나눈다.

2. 진솔한 나눔을 통한 치유와 회복 (약 5:16, 요일 1:7)

- 지난 주 지은 죄와 짊어지고 있는 질병, 약함과 문제들을 진솔하게 나눈 후 서로를 위해 간절히 기도하는 시간을 갖는다.

3. 불신자 품고 기도하기

- 자신이 품고 있는 불신자들의 이름을 넣고 민망히 여기는 마음으로 그들을 위해 함께 기도하는 시간을 갖는다.

  (1) 주님께 기도하오니, _____ 가 주님께 좀 더 가까이 다가가게 해 주시옵소서(요 6:44).

  (2) 주님께 기도하오니, 사단의 방해로부터 _____ 를 지켜 주시고 복음의 진리를 깨달을 수 있게 해 주시옵소서(고후 4:4).

  (3) 주님께 기도하오니 _____ 가 그리스도를 주님으로 고백하고 믿으며 그리스도의 진정한 제자가 되게 해 주시옵소서(롬 10:9~10, 눅 8:15).

- 그들을 주께로 인도하기 위해 이번 주간에 자신이 실천한 친절과 섬김에 대해 나누고 이것들이 생활화될 수 있도록 결단의 기도를 드리는 시간을 갖는다.

셀 안에서 일어났던 치유에 관한 고백을 들어 보자.

"6개월이라는 시간, 그 시간 동안 영적으로 성숙했음을 느끼게 된다. 처음 셀에 왔을 때는 낯설고 어색했다. 처음 보는 사람들, 얼굴은 알지만 친하지 않은 사람들과 잘 적응할 수 있을지 걱정이 되었지만, 그 걱정은 곧 깨어졌다. 영적 어미와 영적 친구들과의 나눔 속에서 나의 마음속 깊은 상처까지 꺼내 이야기할 수 있었고 서로의 기도를 통해 상처가 치유될 수 있었다. 치유 수양회는 나의 상처를 치유 받고 회개할 수 있는 좋은 시간이었다. 지금의 나를 보면 마음의 여유와, 자신감을 찾아볼 수 있어 감사하고 행복하다. 하나님, 감사합니다!"

3 뿌리와 열매

1. 쓴 뿌리 발견하기

히브리서 12장 15절에 보면 '쓴 뿌리'가 나서 우리들을 괴롭게 하고 많은 사람들이 이로 말미암아 더러움을 입을 수 있다는 사실을 기록하고 있다. 이처럼 뿌리의 문제는 매우 중요하다. 그럼에도 불구하고 우리들은 겉으로 드러난 열매만 신경 쓰느라 근본적인 뿌리의 문제는 생각하지 못함으로 근본적인 치유를 경험하지 못한 채로 살아가고 있다.

이야기 한 토막

어느 그리스도인이 삶 속에서 드러나는 '분노의 열매'로 인해 좌절하며 고통을 겪고 있었다. 그런데 아무리 노력해도 사라지지 않았던 분노의 뿌리에 포르노 중독이라는 견고한 진이 자리잡고 있는 것을 깨닫게 되었다. 그래서 이 문제에 대해서 치유 받고 자유함을 얻게 되자 분노는 저절로 사라지게 되었다고 한다. 뿌리의 문제, 견고한 진이 해결되면 그로 말미암아 나타나는 열매는 자연스럽고 건강하게 변화된다.

2. 사단이 틈탈 수 있는 거점을 제거하기

"마귀로 틈을 타지 못하게 하라"(엡 4:27).

사단은 우리들에게 침투하기 위한 거점을 찾고 있다. 사단이 발 디딜 수 있는 틈을 허용하지 않고 그 거점이 될 만한 것들을 제거하는 것은 치유에 있어 매우 중요한 사항이다. 이것은 다음과 같은 비유로 표현해 볼 수 있다.

쓰레기 봉투를 집 밖에 놓아 두면 고양이나 쥐가 와서 그 속에 있는 음식물의 냄새를 맡고 쓰레기 봉투를 찢고 더럽힌다. 이때 쓰레기 봉투가 터진 것을 자꾸 테이프로 봉하려는 모습은 근본적인 뿌리를 해결하지 않고 겉에 드러난 모습만 해결하려는 것과 다를 바 없다. 온전한 해결 방법은 쓰레기 봉지를 쓰레기 차에 던져 넣어 완전히 제거하는 것이다.

똥이 있으면 똥파리가 날아든다. 파리를 아무리 쫓아도 똥을 치우기 전에는 파리가 계속 날아들 수밖에 없다. 그것을 치워 버리는 것이 근본적인 해결방법인 것이다.

이야기 한 토막

치유 수양회를 통해 변화된 한 청년에게 직장 동료가 포르노 동영상 CD를 복사해 주겠다고 유혹의 손길을 뻗쳐 왔다. 이에 대해 청년은 과감히 뿌리쳤다. 이러한 결단은 사단이 발 디딜 거점을 허용하지 않는 지혜인 것이다.

3. 올가미 벗겨 주기

제부도로 사역자 수련회를 갔는데 조개껍질을 주우려다 그만 미끄러져서 작은 굴껍질이 박힌 바위에 손을 다치고 말았다. 평소에 아무렇지도 않았던 손이 휴지만 대어도 여간 고통스러운 것이 아니었다. 며칠 후 전체 수련회를 가게 되었는데 가방에 부엌용 고무장갑을 하나 넣어 가야 했다. 머리를 감을 때 사용하기 위한 비밀 장비였다. 상처는 이처럼 아픔과 속박을 야기시킨다.

자녀가 원인 모르는 고통으로 입원하여 신음하고 있을 때 부모가 말했다. "목사님, 의사도 어쩔 줄을 모르네요." 그러자 목사님이 그 부모에게 이렇게 말했다. "의사는 주님을 모르나 우리는 주님을 아는 자들이니 주님이 고쳐 주실 것입니다."

부모로서 마음이 아플 때가 있다. 자녀가 가져서는 안 되는 것들을 갖고 있을 때다. 하나님도 우리가 가져서는 안 되는 상처와 쓴 뿌리, 견고한 진의 올가미를 벗겨 주시기를 간절히 바라고 계신다.

셀 안에서 이러한 올가미들을 벗어 버리고 세상에서 승리할 수 있는 근본적인 힘을 얻을 수 있다는 고백을 들어 보자.

"한 주간의 생활을 돌아보며 하나님께서 역사하신 것, 깨달은 것을 나누고 삶을 점검하면서 새 힘을 얻을 수 있었습니다. 직장이나 학교에서 크리스천으로서 혼자 살아가는 것이 때로는 힘들 때도 있지만 함께 삶을 나누고 기도하면서 이겨낼 수 있게 되고 소망 가운데 힘을 얻게 됩니다. 함께 하는 것, 함께 삶을 나누고 기도하는 것, 함께 참여하는 셀모임은 함께 성장하고 승리하는 최선의 길이었습니다."

5 뿌리를 치유하는 강력한 무기

1. 예수 그리스도의 보혈

우리의 치유와 승리를 위해 예수 그리스도의 십자가의 보혈을 통해 이미 모든 대가가 지불되었음을 믿고 담대하게 선포하는 것이다.

이야기 한 토막

차의 미션 오일을 교체하는 과정을 지켜본 적이 있다. 두 개의 유리관이 설치되고 한 쪽에 있는 맑고 투명한 빨간 오일이 차 안으로 들어가고 다른 한 쪽에는 오염되어 검정색으로 변한 오일이 뿜어져 나오는 것을 보면서 우리의 더러운 죄를 정결케 하시는 예수 그리스도의 보혈의 능력을 생각해 보았다.

2. 진리인 하나님의 말씀

사단이 우리를 공격하는 두 가지 중요한 무기는 '유혹과 거짓'이다. 진리인 하나님의 말씀은 사단의 두 가지 전략을 모두 무력화시킨다. 말씀의 검, 말씀의 메스를 뽑아들 때 진정한 치유가 일어난다.

"시험하는 자가 예수께 나아와서 이르되 네가 만일 하나님의 아들이어든 명하여 이 돌들로 떡덩이가 되게 하라 예수께서 대답하여 이르시되 기록되었으되 사람이 떡으로만 살 것이 아니요 하나님의 입으로부터 나오는 모든 말씀으로 살 것이라 하였느니라 하시니"(마 4:3~4).

"하나님의 말씀은 살아 있고 활력이 있어 좌우에 날선 어떤 검보다도 예리

하여 혼과 영과 및 관절과 골수를 찔러 쪼개기까지 하며 또 마음의 생각과 뜻을 판단하나니"(히 4:12).

웃음꽃 한마당

어느 아주머니가 오랜 노력 끝에 운전면허를 따게 되었다. 중고차를 뽑아 차의 뒷면에 '초보운전'이라고 붙이고 다니기 시작했다. 그런데 차가 많은 골목에서 운전 미숙으로 시동이 꺼지고 말았다. 뒤에 오던 화가 난 남자 운전수가 한마디 했다. "아줌마! 집에 가서 밥이나 해!" 그 말을 들은 아주머니는 충격을 받고 다시는 운전을 하지 않기로 다짐했다.

어느 날 아주 급한 일이 생겼다. 다시는 운전하지 않겠다고 했지만 너무 급한 상황이라 결국 차를 몰고 나갔다. 그 아주머니의 차 뒤에는 이렇게 쓰여 있었다. "지금 밥하러 가는 중임!"

우리의 마음에 꽂힌 말 한 마디가 우리의 마음을 짓누르고 우리에게서 참된 자유와 기쁨을 앗아가 버린다. 사단이 던진 무서운 말 한 마디가 하나님을 향한 우리들의 사랑과 신뢰를 앗아가 버리는 무서운 전쟁을 일으킨다. 일명 '무서-워(War)'!

◐ 예수님처럼 우리도 진리인 말씀의 검으로 우리를 묶고 있는 모든 저주의 말들을 끊어 버릴 수 있다.

3. 성령의 은사

성령께서는 치유를 위해 사역해야 할 부분을 각자에게 주신 은사를 통해 정확하게 깨닫게 해 주신다. 성령께서 깨닫게 해 주셨을 때 드러내는 것이 중요하다. 온전한 치유를 위해 환부를 있는 모습 그대로 내놓아야 참된 치유가 가능하다.

이야기 한 토막

어린이 사이트 '야후 꾸러기'에 있는 '무궁화 꽃이 피었습니다'라는 게임을 하는 어린 아들을 보면 술래에게 잡히지 않기 위해 아직 손에 익숙치 않은 마우스를 클릭하며 무척이나 맘 졸이며 긴장해 있다. 하나님께 우리의 있는 모습 그대로 사로잡히는 것이야말로 '여호와 라파'의 치유 역사가 펼쳐지게 되는 지름길이다.

셀을 통해 하나님과의 관계, 삶의 태도에 대해 치유와 변화를 받은 간증을 들어 보자.

"처음에는 다른 소그룹 모임과 비슷하다고 생각했습니다. 하지만 서로에 대해 조건없이 위해 주고 그 자리에서뿐만이 아니라 지속적인 관심을 가져 주는 '셀'로 인해 교회 가는 시간이 기다려지기까지 했습니다. 제 생각보다 더 광범위한 주님의 생각을 느끼고 깨달았을 때 더 이상 하나님이 원망스럽지 않았습니다. 교회 밖의 세상에서 생활할 때에 셀원들과 함께 있을 때면 세상의 이해 관계로만 뭉친 사람들과 달리 조건없는 주님의 사랑을 느낄 수 있었고 그다지 즐겁지 못한 생활이 진심에서 우러나오는 기쁨으로 바뀔 수 있었습니다."

셀 체험하기

1 마음 문 열기(Welcome)
당신의 마음과 영적인 상태를 날씨로 표현해 보자.
(예) 먹구름이 가득한 날씨, 폭풍전야

_____

_____

_____

_____

2 경배와 찬양(Worship)
♪ 우리 가운데 깨닫게 하시는 성령님의 임재를 소망하며 찬양한다.

내 눈을 열어 주를 보게 하소서 내 귀를 열어 주 음성 듣게 하소서
내 마음의 눈 내 가슴의 귀 내 영혼의 문을 열어(x2)
나의 생각 나의 지혜 나의 경험 나의 힘
주님 앞에 다 내려놓고 나의 삶을 주님께 드리오니
주의 영을 내 안에 가득히 주의 영을 내 안에 가득히
주의 영을 내 안에 가득히 부어 주소서
주의 영을 내 안에 가득히 주의 영을 내 안에 가득히
주의 영을 내 안에 가득히 채워 주소서

◯ 찬송가를 사용할 경우, 190장 '샘물과 같은 보혈은'

♬ 찬양 후 우리 안에 온전한 치유가 있기를 위해 기도한다.

주님과 같이 내 마음 만지는 분은 없네
오랜 세월 찾아 난 알았네 내겐 주밖에 없네
주 자비 강같이 흐르고 주 손길 치료하네
고통 받는 자녀 품으시니 주밖에 없네
주님과 같이 내 마음 만지는 분은 없네
오랜 세월 찾아 난 알았네 내겐 주밖에 없네

➡ 찬송가를 사용할 경우, 186장 '내 주의 보혈은'

3 나눔(Word)
야고보서 5장 13~16절을 읽고 상호책임짝 2~3명과 나눈다.

자신에게 있는 쓴 뿌리와 견고한 진이 무엇인지 기록해 보자. 그리고 그로 인해 삶 속에 나타나고 있는 좋지 않은 열매들은 무엇인지 서로 나누어 보자.

1. 쓴 뿌리, 견고한 진

_____
_____
_____

2. 삶 속에 나타나는 좋지 않은 열매

_____
_____
_____

4 사역(Work)

1. 위에서 나눈 쓴 뿌리와 견고한 진을 제거하는 치유를 위해 서로 기도한다.
2. 자신이 품고 있는 태신자가 주께로 나오지 못하도록 막고 있는 걸림돌을 제거하고 그들이 셀(목장, 구역)로 인도될 수 있기를 위해 간절히 기도한다.

준비하기

자신이 품고 있는 불신자가 주께로 나오는 데 걸림돌이 무엇인지 적어 온다.

(예) 홍길동 - 부모의 반대

7장
운동할 수 있는 마당이 있는 셀

웰빙 시대를 맞이해 많은 사람들이 운동에 관심을 쏟고 있다. 집 안에 머물러 있는 것이 아니라 마당에 나가 운동기구들을 사용하여 땀을 흘리며 운동하는 것이야말로 웰빙 건강의 지름길이다.

운동할 때 근육이 생기고 건강하게 되어 세상에서 승리할 수 있는 것처럼 셀이 세상의 마당에 나가 왕성하게 운동할 때 셀도 건강을 유지하고 세상에서 승리할 수 있게 된다.

이제 세상의 마당으로 나가서 할 일을 함께 찾아 보자.

 "그들이 날마다 성전에 있든지 집에 있든지 예수는 그리스도라고 가르치기와 전도하기를 그치지 아니하니라"(행 5:42).

"에베소에 사는 유대인과 헬라인들이 다 이 일을 알고 두려워하며 주 예수의 이름을 높이고 믿은 사람들이 많이 와서 자복하여 행한 일을 알리며 또 마술을 행하던 많은 사람이 그 책을 모아 가지고 와서 모든 사람 앞에서 불사르니 그 책 값을 계산한즉 은 오만이나 되더라 이와 같이 주의 말씀이 힘이 있어 흥왕하여 세력을 얻으니라"(행 19:17~20).

현장의 목소리 듣기

김명호(셀인턴 후보) · apkmh@hanmail.net

처음부터 '전도'를 할 수 있으리라고는 생각하지 못했습니다. 아직은 신앙적으로 다른 사람을 전도할 만큼 성장하지 못했다고 생각했습니다. 전도할 만큼의 능력이 없다는 한계를 스스로 인정했다고 할 수 있겠습니다. 그렇지만 지금에 와서 돌이켜 보면 제 의지, 능력과는 상관없이 하나님이 저와 함께 동행하시고 힘을 공급해 주신 것을 느낍니다.

솔직히 얘기하면 친구를 주님 품으로 인도하는 데 그리 큰 어려움은 없었습니다. 가장 큰 이유는 그 친구가 힘겨운 시기에 있었기 때문입니다. 고난 가운데 그 친구가 받은 상처와 아픔들을 생각했습니다. 하나님의 품 안에서 회복될 수 있고 치유될 수 있다는 확신이 있었기 때문에 구체적으로 행동으로 옮겨야겠다는 결심을 하게 되었습니다.

무엇보다도 제가 겪었던 아픔들과 주님으로부터 받았던 은혜들에 대해서 많은 얘기를 나눴습니다. 아마도 자신이 겪었던 것들과 일치하는 부분들이 많았기 때문에 별 거부감 없이 받아들였던 것 같습니다. 바쁜 중에도 가끔씩 학교로 찾아가 같이 식사도 하고 차도 마시면서 일상적인 얘기들로 친밀함을 더했고 신앙적으로는 셀리더의 도움을 받았습니다.

이렇게 좋은 결실을 맺은 데는 셀과 셀원들의 역할이 가장 컸던 것 같습니다. 친형제 친자매처럼 대해 주는 모습에서 따뜻함을 느꼈던 것 같습니다.

또 하나 주님의 품으로 이끄는 데 큰 도움이 되었던 것은 셀축제에서 청년부 모두가 보여준 열린 마음이었습니다. 워낙에 부끄러움을 많이 타는 성격이라서 축제를 즐기지 못하고 오히려 상처를 받는 게 아닌가 하는 걱정도 있었지만, 그런 우려와는 달리 오히려 저보다도 더 적극적으로 축제에 참여하고 즐거운 시간을 가졌을 정도로 그 친구로 하여금 셀식구가 되게 하는 데 좋은 계기가 되었습니다.

사랑의 반대말은 미움이 아니라 무관심이라고 했던 누군가의 말이 가슴에 와 닿습니다. 불신자들을 주님의 품으로 이끄는 첫걸음이 바로 그 누군가에 대한 관심이 아닐까요?

다리 놓기

전도하면 떠오르는 이미지를 브레인스토밍으로 전지에 적고 발표하는 시간을 갖는다. 긍정적인 것과 부정적인 것을 분류해서 어떤 측면의 이미지가 더 강하게 제기되었는지 나누어 보자.

 **벽돌 쌓기**

1 셀 전도의 기본 원리 및 전략

1. 관계 전도

(1) 오이코스 포스터의 생활화

모든 사람은 인간관계 동심원의 중앙에 놓여 있다. 가족, 이웃, 친구, 직장 동료 가운데 일주일에 한 시간 정도 대화를 나눌 수 있는 불신자들의 이름을 가장 잘 보이는 곳에 적어 놓고 기도하는 것을 생활화하는 것이 중요하다.

◎ 그 명단 중에서 그 사람이 구원받음으로 인해 다른 사람들에게 큰 영향력을 미칠 수 있는 사람을 '평화의 사람' 이라고 하는데 그 사람에게 집중해서 복음을 전하는 것이 효과적인 전략이라고 할 수 있다. 사도행전 10장에 등장하는 고넬료가 대표적인 예라고 할 수 있다. 그를 통해 가족과 친구들에게 거룩한 전염이 일어나게 된다.

(2) 감정 계좌 올리기

모든 사람은 감정 계좌로 연결되어 있다. 감정 계좌를 올려 불신자들의 마음의 계좌에 잔고가 많을수록 그들은 우리의 복음 초청에 쉽게 응하게 될 것이다. 그들의 가장 가려운 곳을 긁어 주는 섬김 전도가 좋은 방법이 될 수 있다.

이야기 한 토막

중국 베이징에 있는 한 마리 나비의 날개짓이 미국 북쪽 지역에 태풍을 불러올 수 있다는 '나비효과'라는 현상이 있다. 작은 원인이 큰 결과를 가져올 수 있으며 작은 차이가 점점 증폭되어 큰 차이로 나타날 수 있다는 것이다.
◐ 작은 관심과 정성이 모이면 영혼 구원이라는 큰 결과를 가져올 수 있게 된다.

(3) 창의적 다리 놓기

불신자들과 우리 사이에 생명의 다리를 창의적으로 놓는 일도 중요하다. 공통의 관심사, 생일 파티 등이 좋은 방법이 될 수 있다. 창의적 다리 놓기에서 중요한 것은 '드러난 필요'에 관심을 갖는 것이다. 치과에서 스케일링을 하다 보면 사람마다 민감하게 반응하는 부분이 다르게 나타나는데 불신자들의 삶에도 이러한 드러난 필요의 영역이 있다. 이것이 무엇인지 알고 그 부분을 향해 창의적인 다리를 놓는 것이 필요하다.

웃음꽃 한마디

서적 외판 회사를 운영하고 있는 한 사장이 신문에 방문 판매원 모집 광고를 냈다. 그런데 외판원 특유의 달변가 대신에 말더듬이 한 명이 지원했다.
"제에에가요.. 배애애과 사아저전을 파팔아 보보겠스습니다..."
탐탁지는 않았지만 사장은 일단 말더듬이에게도 기회를 주기로 했다.
그런데 놀랍게도 주간 매출 집계에서 말더듬이의 판매 실적이 가장 높았다.
이상하게 생각한 사장이 말더듬이 외판원에게 비결을 물었다.

"저어어느는요. 이일단 대에에문에 이있는 베에엘을 누르르고 이러렇게 마말해해요!"

"사사사아모님! 배에엑과 사아전 사사실래요? 아아니면 제에가 저언부 다 이 읽어 드리일까요?"

2. 그물 전도

(1) 전도의 그물인 셀

세상에 존재하는 많은 불신자들을 바라보며 사람 낚는 어부인 우리들은 기뻐하며 흥분할 수 있어야 한다. "고기가 많다. 야! 신난다!"라고 외치면서 말이다. 셀은 인간 그물이 되어 그들을 복음으로 사로잡고 양육의 그물 안에서 그들을 보호하는 두 가지 역할을 감당하게 된다.

이야기 한 토막

셀이 전도의 그물이 된 사례에 대한 간증을 들어 보자.

'어떻게 하면 불신자들을 전도할 수 있을까?' 고민하다가 '생일 파티'를 기획하게 됐습니다. 한 달 전부터 매주마다 기도로 준비했습니다. 그리고 태신자를 정해서 매주마다 지상명령을 수행해야 했습니다. 태신자에게 '누군가 널 위해 기도하네' 문자 보내기, 만나서 밥 사 주기, 복음 제시 만화책 주기 등등. 그리고 생일 파티에 초대하는 것이었습니다. 그때 참석하여 주님을 영접한 새신자들은 7명이나 되었습니다. 그 후, 저희는 어떻게 하면 일산에 있는 청년들을 전략적으로 주님께 인도할지 기도하고 있습니다."

(2) 장래의 가족 비전

불신자 오이코스는 그들이 우리의 장래 가족이라는 시각으로 바라보게 한다. 그들의 안면을 익히고 사랑의 주전자로 주님의 생수를 전달하고 배달부가 되어 사랑의 편지를 전해 주는 역할을 감당하는 것이다.

이야기 한 토막

최초에 날개 없이 창조된 새들에 관한 아름다운 이야기가 있다. 그들은 아름다운 깃털과 부드러운 목소리를 부여받았으나 날 수가 없었다. 하나님께서 날개를 만들어 주시며 날라고 명령하셨을 때, 그 새들은 무겁게 그것을 들어 올렸다. 처음에는 그것들이 무거운 짐으로 여겨졌으나 어깨를 향해 들어 올려 가슴 위로 접어 포개자 그들은 더 빨리 날아갈 수 있었다. 무거운 짐은 날개가 되었고 그들은 하늘 높이 날게 되었다. 그들은 이제 노래를 부를 수 있을 뿐만 아니라 높이 날 수도 있게 된 것이다. 이전에는 미처 알지 못했던 사실, 그것을 새롭게 발견했을 때 놀라운 변화의 세상이 열리는 것을 알 수 있다.

(3) 능력 전도

셀 전도는 불신자들을 사로잡고 있는 견고한 진을 깨뜨리고 그들을 구조해 내는 거룩한 군대로서의 역할을 감당한다.

이야기 한 토막

호랑이 한 마리가 배가 고팠다. 어슬렁 거리다가 토끼 한 마리를 발견했다. 그

육중한 발을 들어 토끼를 잡으려고 하는데 토끼가 그 가냘픈 손으로 호랑이를 뿌리치며 말했다. "놔! 쨔샤!"

너무 놀란 호랑이는 뒤로 넘어지고 말았다. 하도 기가 막혀 그날 밤을 뜬 눈으로 지새운 호랑이 다음 날 부시시 눈을 비비고 시장한 배를 채우기 위해 호랑이 굴 밖으로 나왔다. 저쪽에서 토끼 한 마리가 지나가고 있었다. 어제와 같은 실수를 하지 않기 위해 맘을 가다듬고 발을 들어 토끼를 잡으려 했다. 그런데 또 한 번 가냘픈 토끼의 발로 호랑이를 뿌리치며 하는 말, "어제 나야! 쨔샤!"

아뿔사! 어제의 그 용감한 토끼였던 것이 아닌가? 호랑이는 너무 당황해서 호랑이 굴에서 자신의 신세를 탄식하며 하룻밤을 보냈다. 다음 날 아침 오늘도 토끼를 놓치면 호랑이 자격증을 내놓겠노라고 다짐하고 나섰다. 토끼 한 마리가 지나가는데 자신에게 수모를 준 토끼는 얼룩무늬가 있었는데 다행히 이 토끼는 얼룩무늬가 없었다. 당당하게 발을 들어 토끼를 잡으려고 하는데 그 토끼가 가냘픈 발을 들어 호랑이를 치며 하는 말, "소문 다 났어! 쨔샤!"

◐ 하찮은 토끼 앞에서 주눅들어 위축 되고 벌벌 떠는 가련한 호랑이의 모습이 혹시 이 시대의 불신자 앞에 선 그리스도인의 모습은 아닌가?

3. 추수 전도(요 4:35)

(1) 열린 셀 축제

일정기간 동안 자신이 품고 있는 불신자들을 위해 기도하면서 좋은 관계를 맺고 눈높이 이벤트의 장을 준비하여 그들을 셀로 초청하는 것을 말한다. 이를 통해 불신자들은 문턱이 높은 교회에 대한 신화를 버리고 셀원들과 친숙해지는 좋은 계기를 갖게 된다. 그리고 이것은 결국 그들이 교회에 등록하게 되는 첫걸음이 된다.

이야기 한 토막

추수 전도 행사에 참여했던 한 불신자의 간증이다.

"몸이 아파서 누구도 만나기 싫고 아무 곳에도 가기 싫었는데 이렇게 귀한 자리에 초청해 줘서 너무 감사합니다. 얼굴에서 웃음도, 눈물도 말라 버렸는데 이 모임에 와 보니 너무 행복합니다. 감사합니다."

웃음꽃 한 마당

추수 전도 행사에 참여한 불신자의 상태를 보고 재미있는 비유로 표현한 사람의 이야기다.

"그들은 처음에는 생감자였다. 분위기가 점점 무르익으면서 그들은 찐 감자가 되어 갔다. 결국에는 완전히 셀에 동화되어 튀긴 감자가 되는 것을 볼 수 있었다."

(2) 추수 연극 초청제

복음을 제시하는 연극을 준비해 놓고 기도하며 품고 있는 불신자들을 초대하여 그들로 하여금 복음을 듣고 예수님을 영접할 수 있는 시간을 갖는 것을 말한다.

웃음꽃 한마당

평생을 독신으로 산 할아버지가 옛날 이야기를 해 달라고 조르는 아이에게 이야기를 시작했다. "얘야, 어떤 남자가 한 여자를 너무너무 사랑했단다. 그래서 남자가 청혼하자, 여자는 '두 마리의 말이 아니고 다섯 마리의 소를 갖고 오면 결혼하겠어요!' 라고 했단다. 남자는 그 말의 뜻을 알 수가 없어서, 그 여자와 결혼할 수가 없었지. 결국 남자는 혼자 늙어가면서 50년이 흘러 할아버지가 됐단다. 아직까지도 그 여자만을 사랑하고 있지. 할아버지의 이야기에 귀 기울이고 있던 꼬마는 "피~"하더니 대수롭지 않게 말했다. "할아버지!, '두 마리의 말이 아니고 다섯 마리 소'면 "두말 말고 오소!" 아니예요. "아이의 말에 할아버지는 무릎을 치면서 흐르는 눈물을 훔쳤다.

- "두말 말고 오소!" – 불신자들을 놀라운 변화의 장으로 초대하시는 하나님 앞으로 '내 모습 이대로, 있는 모습 그대로' 나오도록 초청해야 한다. 그러면 전능하신 하나님께서 진흙 같은 그를 빚어 하나님의 걸작품으로 변화시켜 주실 것이다.

2 전도 대상자에 따른 전략

1. A 유형 불신자
추수의 때를 기다릴 정도로 마음이 준비되어 있는 불신자를 말한다.

(1) 요한복음 3장 16절 그림 전도
'관계' 라고 하는 중심 주제를 도표로 그리면서 복음을 설명하고 결신을 요청한다. 이에 대한 자세한 내용은 셀 양육교재 4권 『전도가이

드』에 상세히 설명되어 있다. 이 방법을 통해 전도할 때 도움이 되는 도입 이야기가 있어 소개한다.

덩달이가 학교에서 내준 글짓기 숙제 때문에 큰 걱정이었다. 글짓기 제목은 '삶은 무엇인가?' 였다. 아무리 머리를 짜내도 생각이 떠오르지 않아 머리도 식힐 겸 밤거리를 걸어가고 있는데 거리에 있던 포장마차를 바라보는 순간 숙제에 대한 아이디어가 떠올랐다. 포장마차에 붙은 여러 가지 메뉴 중 덩달이의 눈에 들어온 글자, '삶은 계란 500원!'
그래서 덩달이는 숙제 노트에 '삶은 계란이다!' 라고 크게 써서 제출했다. 그런데 웬일인가? 선생님으로부터 큰 칭찬을 받았다. 선생님이 덩달이를 칭찬하며 다른 아이들에게 말씀하셨다. "여러분, 유대인의 지혜서 『탈무드』에 보면 '삶은 계란과도 같은 것' 이라고 비유해 주고 있어요. 다른 것들은 열을 가할수록 흐물흐물해지는데 계란만은 더 단단해지기 때문이지요. 여러분도 살아가면서 어려운 일을 만나게 될 때에 그것이 여러분을 더욱 단단해지게 만드는 소중한 기회라는 것을 잊지 마세요."

◐ 당신은 삶이 무엇이라고 생각하며 하루하루를 살아가고 있는가?

(2) 혈통 맺기(kinning)
우리가 불신자의 일가친척이 된 것처럼 느끼도록 해야 한다는 것이다.

"가정은 우리가 잘했든 잘못했든 상관없이 쫓겨나지 않는다는 사실을 알기 때문에 언제나 돌아갈 수 있는 곳이다."

이야기 한 토막

주 안에서 혈통으로 맺어진 것에 대한 간증을 들어 보자.

힘들 때 옆에서 지켜봐 주고 같이 기도하면서 날 생각해 주는 가족 같은 셀이 생겼다는 사실이 너무 힘이 되었다. 셀을 통해서 하나하나 깨달음이 생기고 나의 생각들도 조금씩 달라지면서 내가 가지고 있던 교회에 대한 편견들이 조금씩 없어지는 것 같다."

2. B 유형 불신자

복음을 받아들일 마음밭이 아직 준비되어 있지 않아 경작이 필요한 불신자를 말한다. 이들을 경작하기 위한 주요 과정을 도식화하면 다음과 같다.

❶ 기도하라 ⇒ ❷ 관계를 세우라 ⇒ ❸ 함께 추수하라 ⇒ ❹ 번성하라

B형 불신자의 닫힌 마음, 굳은 마음을 경작할 수 있는 최상의 방법은 기도하는 것이다. 불신자를 품고 있는 사람뿐 아니라 셀원들이 함께 기도하는 것이 중요하다. 이와 함께 좋은 관계를 형성해 나가는 구체적인 실천도 필요한데 이를 위해 시간과 물질의 투자와 땀 흘림의 수고가 필요하다. 그리고 때가 되면 그들을 셀로 초청해서 추수하는 계기를 마련하고 추수된 그들을 셀 안에 잘 정착하도록 하면 셀이 번성하는 전기를 마련하게 된다.

이야기 한 토막

진안에 있는 한 마을에서 있었던 일이다. 그 마을은 댐 건설로 인해 수몰지구에 들어가 있었다. 그 마을의 가장 높은 언덕에는 초등학교가 하나 자리잡고 있었는데 그 초등학교에는 진한 감동과 비장함을 느끼게 하는 문구가 적혀 있었다. '운동장이 물에 잠길 때까지'

◐ 불신자들이 셀에 올 때까지 기도하는 비장한 기도가 요청되는 시대에 우리는 살고 있다.

웃음꽃 한 마당

불신자들과 좋은 관계를 형성하기 위해 물질을 투자하려고 할 때 사단이 우리에게 떠올리게 하는 일본 은행장 이름이 있다 - 도나까와 쓰지마.

3 번성의 비전

1. 하나님께서 사람에게 주신 축복

하나님께서 사람을 창조하시고 주신 축복이 바로 번성하는 권세였다.

"하나님이 자기 형상 곧 하나님의 형상대로 사람을 창조하시되 남자와 여자를 창조하시고 하나님이 그들에게 복을 주시며 그들에게 이르시되 생육하고 번성하여 땅에 충만하라 땅을 정복하라 바다의 고기와 공중의 새와 땅에 움직이는 모든 생물을 다스리라 하시니라"(창 1:27~28).

2. 번성의 권세 회복하기

인간의 타락으로 말미암아 상실한 번성의 권세를 예수 그리스도의 십자가와 부활 사건을 통해 회복하게 되었고 초대 교회는 이것을 드러낸 대표적인 예라고 할 수 있다.

"하나님의 말씀은 흥왕하여 더하더라"(행 12:24).

◐ 셀교회는 이러한 번성의 권세를 회복하여 도시를 정복하는 교회로서 한 민족을 변화시키고자 하는 비전을 품고 나아가고 있다.

이야기 한 토막

번성의 권세를 현실화한 동시대의 이야기를 들어 보자.

'마약과 범죄의 왕국'이라고 불리는 콜롬비아 보고타에 있는 세계적인 셀교회인 'International Charismatic Mission Church'의 청년들을 지도하는 세자르 파자르도 목사가 1987년 이 교회에서 청년부 사역을 시작했을 때에는 겨우 30명의 젊은이들만이 참석했었다. 어느 날 그는 보고타의 타락한 젊은이들을 구원하겠다는 꿈을 꾸기 시작했다. 그는 설교를 시작할 때마다 그 장소가 가득 차는 것을 상상하고 자기의 셀그룹에게 "젊은이들이 이 교회에 들어오기 위해서 줄을 서야만 할 때가 올 것이다!"라고 공개적으로 선포했다. 1987년에 파자르도는 사람들로 가득 찬 근처 실내 체육관의 사진을 찍어서 그 사진을 자기의 방에 걸어 놓고 번성의 꿈을 꾸기 시작했다. 그리고 하나님께서 그곳을 젊은이들로 가득 채워 주실 것을 믿었다. 그 결과 30명으로 시작한 청년부가 13년 만에 18,000명의 젊은이들로 늘어나 그가 사진을 찍었던 바로 그 실내 체육관에서 하나님께 예배드리기 위해 줄을 서게 되는 역사를 이루었다.

셀 체험하기

1 마음 문 열기(Welcome)

지금까지 가장 기억에 남는, 당신이 했거나 다른 사람으로부터 받았던 전도에 대해서 나누어 보자.

_____
_____
_____
_____

2 경배와 찬양(Worship)

♪ 예수의 이름이 온 땅에 전해지기를 소망을 품고 함께 찬양한다.

1. 예수 이름이 온 땅에 온 땅에 퍼져가네
　　잃어버린 영혼 예수 이름 그 이름 듣고 돌아오네

예수님 기뻐 노래하시리 잃어버린 영혼 돌아올 때
예수님 기뻐 춤추시네 잃어버린 영혼돌아 올 때

2. 예수 이름이 온 땅에 온 땅에 선포되네

하나님의 나라 열방 중에 열방 중에 임하시네

하나님 기뻐 노래하시리 열방이 주께 돌아올 때
하나님 기뻐 춤추시네 잃어버린 영혼 돌아올 때

◐ 찬송가를 사용할 경우, 268장 '온 세상 위하여'

♬ 우리가 품고 있는 불신자들을 생각하며 그들을 주께로 인도할 수 있도록 찬양 후 기도한다.

사망의 그늘에 앉아 죽어 가는 나의 백성들
절망과 굶주림에 갇힌 저들은 내 마음의 오랜 슬픔
고통의 멍에 매여 울고 있는 나의 자녀들
나는 이제 일어나 저들의 멍에를 꺾고 눈물 씻기기 원하는데
누가 내게 부르짖어 저들을 구원케 할까
누가 나를 위해 가서 나의 사랑을 전할까
나는 이제 보기 원하네 나의 자녀들 살아나는 그날
기쁜 찬송소리 하늘에 웃음소리 온 땅 가득한 그날

◐ 찬송가를 사용할 경우, 271장 '익은 곡식 거둘 자가 없는'

3 나 눔(Word)

사도행전 5장 42절을 읽고 상호책임짝 2~3명과 나눈다.

1. 당신이 살고 있는 지역의 사람들을 교회나 셀(목장, 구역)로 인도하기 위한 가장 효과적인 전도방법이 무엇인지에 대해 생각해 보고 서로 나누어 보자.

   _____
   _____
   _____
   _____

2. 당신이 품고 있는 불신자는 누구인지, 그들이 주님 앞으로 나오지 못하도록 막고 있는 장애물은 무엇인지, 그것을 극복하기 위해 당신이 노력하고 있는 일들은 무엇인지에 대해서 함께 나누어 보자.

   • 불신자
   _____
   _____
   _____

   • 장애물
   _____
   _____

   • 노력
   _____
   _____

4 사 역(Work)

1. 우리 안에 도사리고 있는 전도에 대한 잘못된 이미지, 두려움, 무기력함을 내놓고 하나님이 주신 번성의 권세를 회복하도록 서로를 위해 함께 기도한다.

2. 자신이 품고 있는 태신자가 주께로 나오지 못하도록 막고 있는 걸림돌을 제거하고 그들이 셀(목장, 구역)로 인도될 수 있기를 위해 간절히 기도한다.

준비하기
자신이 속해 있는 셀(목장, 구역)이 회복해야 할 것이 있다면 무엇인지 적어 온다.

밖을 내다볼 수 있는 창문이 있는 셀 8장

창문은 집 안에 있는 상황을 볼 수 있게 하는 통로일 뿐만 아니라 집 밖에 있는 상황을 내다볼 수 있게 하는 통로라고 할 수 있다. 창문이 깨끗이 닦여져 있을수록 상황을 바르게 파악할 수 있다.

마찬가지로 우리 셀 공동체가 어떤 상황에 놓여 있는지, 어느 방향을 향해 도약해 나가야 할지 깨닫고 이를 바탕으로 미래를 향해 구체적인 계획과 일정들을 세워 나가기 위해서는 창문이 반드시 필요하다.

어떻게 이것들을 계획하고 진행해 나갈지 함께 살펴보도록 하자.

"이러므로 내가 하늘과 땅에 있는 각 족속에게 이름을 주신 아버지 앞에 무릎을 꿇고 비노니 그의 영광의 풍성함을 따라 그의 성령으로 말미암아 너희 속사람을 능력으로 강건하게 하시오며 믿음으로 말미암아 그리스도께서 너희 마음에 계시게 하시옵고 너희가 사랑 가운데서 뿌리가 박히고 터가 굳어져서 능히 모든 성도와 함께 지식에 넘치는 그리스도의 사랑을 알고 그 너비와 길이와 높이와 깊이가 어떠함을 깨달아 하나님의 모든 충만하신 것으로 너희에게 충만하게 하시기를 구하노라"(엡 3:14~19).

 현장의 목소리 듣기

김홍관(셀리더: 3875221@hanmail.net)

2003년 새롭게 구성된 셀을 맡게 되면서 여러 가지 많은 고민과 어려움에 부딪히게 되었습니다. 그중에서도 깊이 있는 나눔을 위해 셀원들 사이의 어색한 분위기를 없애는 것이 급선무였고 다음으로는 셀원들 중에서 리더를 발굴하는 것과 셀원들이 적극적으로 셀 활동에 참여하도록 유도하는 것이었습니다. 기도하면서 고민하던 중 원형 셀을 통하여 목사님께서 알려 주신 셀의 4차원 구성요소에 의한 리더십 개발이 떠올랐습니다.

하나님을 향한 위로의 사역과 셀원들 사이의 세워 줌과 하나됨을 위한 안으로의 사역, 그리고 태신자 전도를 위한 밖으로의 사역과 셀원 가운데서 리더를 발굴하고 양육하는 앞으로의 사역이었습니다. 먼저 위로의 사역을 담당하기 위해서 셀모임 중의 경배와 찬양을 담당할 지체와 중보기도 사역을 담당할 지체를 정하였습니다. 이중 중보기도 사역을 담당하는 지체는 매주 셀모임 때마다 셀원들의 기도제목을 정리하여 주중에 이메일로 모든 셀원들에게 기도제목을 보내는 사역을 감당하였는데 기도제목과 함께 셀원들의 영적 건강을 권면하는 글들을 함께 보내기도 하였고 셀 안에서 함께 나눈 기도제목 중 상당수가 응답을 받기도 하였습니다.

안으로의 사역은 이벤트를 담당하는 지체, 전화심방을 담당하는 지체, 생일 파티를 담당하는 지체 등을 세웠습니다. 안으로의 사역자들을 세운 후 이벤트를 담당하는 지체의 제안으로 우리 셀은 고양 종합운동장에서 있었던 축구경기를 함께 관람하게 되었는데 경기 관람 후에 가진 2차 친교 모임으로 인해 우리 셀에 있었던 서먹서먹한 분위기가 한 순간에 가시는 놀라운 역사가 있었습니다.

밖으로의 사역은 태신자를 위한 기도와 심방, 그리고 새 가족이 셀 안에 왔을 때 쉽게 적응할 수 있도록 도와주는 사역자를 세웠습니다. 밖으로의 사역을 담당하게 된 지체는 하나님께서 주신 달란트를 사용하여 새롭게 셀을 방문하는 사람들에게 손수 만든 핸드폰걸이를 선물하기도 하였고 그 핸드폰걸이는 한동안 우리 셀의 트레이드마크가 되기도 했습니다.

앞으로의 사역은 사역의 특성상 리더인 제가 맡게 되었고 셀원들에게 리더로 서야 함을 강조하는 한편 셀 안에서 리더를 발굴하고 리더풀 훈련을 받을 수 있도록 권면하는 일들을 감당하였습니다.

4차원 셀사역자를 세운 후 저희 셀의 분위기는 상당히 많이 달라졌습니다. 그동안 어색하고 수동적이던 셀의 분위기는 자연스럽고 능동적인 분위기로 바뀌었으며 주중에도 서로 연락하고 모이기에 힘쓰는 셀이 되었습니다. 4차원 셀사역자를 세우는 일은 셀 시스템이 유기적으로 운영되고 그 안에서 새로운 리더십들이 세워지는 데 상당한 도움을 주는 소중한 방법이었습니다.

 **다리 놓기**

건강한 셀, 이상적인 셀이 되기 위해 필요한 것들을 한 사람이 한두 가지 정도 그려 전체 그림을 완성해 보는 시간을 갖는다.
(예) 다같이 손잡고 있는 그림, 다같이 힘을 합하여 무엇인가를 운반하는 그림 등.

 벽돌 쌓기

신발을 만드는 두 곳의 공장에서 새로운 나라에 시장을 설립하기 원했다. 두 공장 모두 가능성을 파악하기 위해 직원을 파견했다. 두 직원은 동일한 사실을 발견했는데, 그 나라에서는 아무도 신발을 신지 않는다는 것이다. 한 직원이 회사로 전보를 보냈다. "주문을 취소해 주세요. 여기서는 아무도 신발을 신지 않습니다." 반면에 다른 직원은 회사로 다음과 같은 전보를 보냈다. "주문을 3배로 늘려 주십시오. 여기에는 신발을 신은 사람이 아직 아무도 없습니다."

당신이 속해 있는 셀을 바라보는 안목은 어떤가? 랜들 네비어는 셀의 현 위치를 발견하고 셀이 업그레이드 되기 위해 구체적인 계획을 세울 수 있는 유용한 지침을 제공해 주었다.

1 위로(Upward)

'위로'는 셀을 하나님의 권능에 연결하는 활동을 가리킨다. 우리 몸의 뇌신경으로 비유해 볼 수 있다. 예수께서 베드로에게 천국문을 여는 열쇠를 주셨는데 셀은 이 열쇠를 통해 하나님의 권능의 발전소에 연결될 수 있다.

웃음꽃 한마당

불신자들을 전도할 때 사용하는 천국문 여는 열쇠 번호 0191(영혼구원), 8291(빨리구원)

환자들을 위해 기도할 때 사용하는 천국문 여는 열쇠 번호 8275(빨리치료)

사업을 위해 기도할 때 사용하는 천국문 여는 열쇠 번호 1133(하는 일마다 삼삼하게 하소서)

1. 기본적인 전략

(1) 서로를 돌보고 세우기 위해 지속적으로 기도하기

어머니 모니카의 지속적인 기도로 말미암아 방황하던 아들 어거스틴이 성 어거스틴으로 세워지게 되었던 것처럼 셀 안에서 서로를 돌보고 세우기 위해 지속적으로 기도해 나갈 때 이 영역은 확장될 수 있다.

셀 안에서 이루어지는 다른 지체들을 위한 기도는 전투행위 자체라고 할 수 있다. 우리들이 왕 같은 제사장으로서 기도할 때 하나님의 통치력이 즉시 시행되게 된다.

(2) 기도생활을 방해하는 사단의 견고한 진을 파하기

셀은 하나님의 군대라고 할 수 있다. 군사의 수가 절대적으로 적음에도 불구하고 승리할 수 있는 방법이 있는데 본부에서 폭격기가 지원 폭격을 함으로써 가능할 수 있다.

"우리를 사랑하시는 이로 말미암아 넉넉히 이기느니라"(롬 8:37). 우리가 기도의 고지를 향해 나가는 데 막고 있는 여리고성을 합력하여 무너뜨려야 한다. 기도생활을 위축시키는 골리앗들을 믿음으로 선포하며 제압해 나가야 한다.

(3) 특별한 일이나 목적을 위해 금식하기

셀이 함께 동일한 목적을 가지고 금식기도를 하면 기적이 일어난다. 희귀병에 걸린 자녀를 위해 셀원들이 함께 기도했을 때 그 병이 치유되고 그로 인해 그 부모가 리더로 성장하게 되었다. 에스더와 모르드개와 유대인이 합심해서 공동의 목표를 위해 금식기도했던 것처럼 우리에게도 이러한 결단이 필요하다.

(4) 경청의 방을 통해 기도의 응답을 받고 이적을 늘 체험하기

셀을 통해 하나님의 초자연적인 능력이 자연스럽게 나타나고 있다는 보고를 듣게 된다. 오늘날 많은 그리스도인들이 갖고 있는 '믿음의 선을 긋고 믿어지는 것만큼만 믿는 합리성에 의존한 믿음'을 초월하게 된다. 뛰는 벼룩 위에 유리판을 올려 놓았더니 유리판을 치워도 그

만큼만 뛰는 벼룩과 같던 모습에서 다시금 하나님의 전능하신 능력을 향해 뛰는 모습을 보게 된다. 베드로의 탈옥을 목격했던 초대 교회의 반응처럼 기도의 응답에 대한 확신이 부족한 사람들이 셀을 통해 나타나는 하나님의 역사를 바라보며 기적이 상식이 되는 현장을 보게 된다.

2. 셀 건강 진단 : 해당되는 점수에 표시하여 합계 점수란에 쓰기

(1) 당신의 셀 안에 있는 셀원들을 위해 일주일에 며칠 동안 기도합니까?

0일	1~2일	3~4일	5~6일	7일
0	1	2	3	4

(2) 하루에 몇 분 개인 경건의 시간(Q.T.)을 가집니까?

0~5분	6~10분	16~30분	31~45	46분 이상
0	1	2	3	4

(3) 셀모임에서 찬양을 통한 경배의 시간은 몇 분 정도입니까?

0~4분	5~9분	10~14분	15~19분	20분 이상
0	1	2	3	4

(4) 당신의 셀모임에서 몇 분을 기도시간으로 보냅니까?

0~5분	6~15분	16~20분	21~30분	31분 이상
0	1	2	3	4

(5) 셀모임에서 얼마나 자주 놀랍고 기적적인 기도의 응답을 받습니까?

전혀	가끔	자주	아주 자주	일상적
0	1	2	3	4

합계 점수 (   )

2 안으로(Inward)

'안으로'는 셀 안에서 서로와 서로를 연결하는 활동을 가리킨다. 우리 몸의 심장으로 비유해 볼 수 있다. 이러한 영역을 확장하기 위한 기본적인 전략으로는 다음과 같은 것들을 들 수 있다.

1. 기본적인 전략

(1) 하나님이 이미 만들어 주신 공동체로 들어가기

공동체는 하나님이 이미 만들어 놓으신 것이다. 우리는 그 안으로 들어가기만 하면 된다. 삼위일체 하나님 자체가 공동체이시며 태초에 가정이라는 공동체를 창조하셨고 갈보리 십자가의 사건을 통해 교회를 만드셨다. 우리는 그 안으로 들어가서 누리기만 하면 되는 것이다.

웃음꽃 한마디

공동체를 건강하게 만들어 주는 수학 공식

5-3=2 아무리 큰 오해라도 세 번만 생각하면 이해가 된다.

2+2=4 이해와 이해가 모이면 사랑이 된다.

공동체를 건강하게 만들어 주는 간식 : 아이 러브 우유~ 그대와 함께 라면

(2) 셀 생활 삼총사 활성화시키기

셀원들을 위해 매일 기도하는 것을 생활화하고, 전화나 메일을 통해 서로 격려하고 먹거리를 통해 친밀감을 향상시키는 셀 생활의 삼총사가 끊임없이 활동하게 해야 한다.

(3) 자주 함께하는 시간 갖기 - 비공식적 만남

사람들은 자주 만날 때 친밀감이 향상된다. 그것도 공식적인 자리가 아닌 비공식적인 편안한 자리를 자주 마련할수록 그 친밀도는 더 높아지게 된다. 이런 말이 있다. "자주 만나면 맛난 셀이 된다."

이야기 한 토막

자주 함께하는 시간을 통해 친밀해진 관계에 대한 간증을 들어 보자.

"셀은 가족입니다. 혈연으로 맺어진 가족은 아니지만 가족에 대한 사랑과 애틋함을 느끼게 해 준 너무나 소중한 존재입니다. 한 지체 한 지체의 기도제목을 붙들고 함께 기도해 주고 걱정해 주고 기뻐해 주는 셀을 한 마디로 표현한다면 '가족'이라고 할 수 있습니다. 동생을 진심으로 아껴 주는 언니, 오빠들을 통해 주님의 모습을 보았습니다. 한 해 동안 군에 있는 셀원을 찾아가고 추

석 연휴, 크리스마스까지 시간이 날 때마다 함께한 우리 셀이기에 주님에 대한 믿음과 함께 서로에 대한 신뢰감이 더욱 많이 자랐습니다. 주님의 사랑을 느끼게 해 준 우리 셀원들을 진심으로 사랑하고 축복합니다.

(4) 예배 시간에 함께 앉기

셀은 예배 공동체다. 예배 시간에 셀원들이 함께 앉는 것은 예배의 감격을 더해 줄 뿐만 아니라 셀원들을 영적으로 하나로 묶어 주는 중요한 역할을 감당하는 소중한 통로라고 할 수 있다.

2. 셀 건강 진단 : 해당되는 점수에 표시하여 합계 점수란에 쓰기

(1) 당신의 셀은 한 달 동안 몇 번 만납니까?

1번	2번	3번	4번	5번 이상
0	1	2	3	4

(2) 지난 세 달 동안 같이 즐길 수 있는 활동(예: 생일파티)을 몇 번 하였습니까?

0번	1번	2번	3번	4번
0	1	2	3	4

(3) 지난 두 달 동안 당신의 셀원들을 집이나 식당에 초대해서 몇 번 식사를 같이 했습니까?

0번	1번	2번	3번	4번
0	1	2	3	4

(4) 주일 예배에 얼마나 자주 당신의 셀원들은 같이 앉습니까?

전혀	가끔	자주	아주 자주	항상
0	1	2	3	4

(5) 얼마나 자주 셀원들과 전화나 이메일, 카드 또는 편지로 연락해서 격려합니까?

전혀	가끔	자주	아주 자주	매일
0	1	2	3	4

합계 점수 (   )

❸ 밖으로(Outward)

'밖으로'는 세상의 잃어버린 자들을 셀로 연결하는 활동을 가리킨다. 우리 몸의 근육에 비유해 볼 수 있다. 이러한 영역을 확장하기 위한 기본적인 전략으로는 다음과 같은 것들을 들 수 있다.

1. 기본적인 전략

(1) 관계 전도, 공동체 그물 전도 실천하기 – 오이코스 포스터 붙이기

안드레는 베드로를, 빌립은 나다나엘을, 마태는 그의 친구들을, 고넬료는 그의 친구들과 친척들을 주께로 인도했다. 우리들이 품고 있는 불신자들의 이름과 그들이 교회로 나오지 못하도록 하는 걸림돌을 종이

에 적어 놓고 늘 보면서 기도하는 것이 필요하다. 이러한 관계망을 통해 셀원들과 함께 인간 그물이 되어 접근해 간다면 불신 물고기들을 가득 잡아 주께로 끌어올리는 일을 감당할 수 있게 된다.

오이코스

오이코스는 나를 인간관계 동심원의 중앙에 놓았을 때 나와 관계 맺고 있는 사람들을 말한다. 특별히 일주일에 한 시간 정도 이야기를 나눌 수 있는 사람을 진정한 의미의 오이코스라고 할 수 있다.
- ◎ 우리들의 집에 오이코스 포스터가 붙어 있는 것을 하나님이 보신다면 하나님은 모나리자의 미소가 걸려 있는 것보다 더욱 기뻐하실 것이다.

웃음꽃 한 마당

덩달이에게 선생님이 숙제를 내주셨다. "북극에 사는 동물 다섯 마리를 적어 오세요." 덩달이가 근심하다가 숙제를 해서 냈다. 그런데 선생님께 크게 꾸중을 들었다. 덩달이의 숙제 노트를 펴 보았더니 이렇게 적혀 있었다. "곰 세 마리, 펭귄 두 마리"
- ◎ 우리들도 불신자 오이코스를 써 보라고 하면 쓸 사람이 많지 않은 것을 발견하게 된다.

(2) 사명 선언문 만들기

리츠 칼튼 호텔이 세계적으로 유명해진 이유는 사명 선언문을 갖고 있기 때문이라는 말이 있다. 사명 선언문이 있을 때 목표가 뚜렷하고 흔들림이 없게 된다. 집중할 수 있는 힘이 생겨 목표를 쉽게 달성해 나가게 한다. 셀의 사명 선언문을 정하고 이를 정기적으로 확인해 나가는 것은 셀을 튼튼하게 만들며 세상을 향해 뻗어 나가게 만드는 통로가 되게 한다.

(3) 셀 번성의 날짜 정하기

D-day가 없다면 누가 리포트를 제 날짜에 내겠는가? D-day가 정해져 있을 때 도전받고 구체적인 준비를 하게 된다. 결혼을 앞둔 예비 신랑, 신부가 달력에 D-day를 표시해 놓고 설레이는 마음으로 그날을 준비해 나가는 것처럼, 첫 아이를 출산할 부부가 D-day를 향해 행복 가득한 마음으로 준비해 나가는 것처럼, 셀 번성의 D-day를 정해 놓고 함께 준비해 나가는 것이 필요하다. 셀원들이 믿음으로 선포하면 하나님이 이루어 주신다.

(4) 파티를 준비하고 품고 있는 불신자 초청하기

파티를 준비하고 그들을 셀로 초청하는 것은 그들이 갖고 있는 교회에 대한 이미지의 갭을 극복할 수 있는 좋은 방법이다. 한국 교회는 여러 가지 이유로 인해 이미지 전쟁에서 심각한 손상을 입고 있다. 이미지 전쟁에서 실패하면 이미 진 전쟁이 되어 버린다. 파티는 이러한 이미지를 회복시키고 교회의 높은 문턱을 낮게 해 주는 묘안이다.

(5) 새로운 방문자에게 친절하고 적절하게 조치하기

셀에 처음 방문하는 사람들을 향해 하나님께서 우리에게 주신 백만

불짜리 미소를 사용하라. 당신의 미소가 새신자를 주께로 인도한다. 허브 전시장에 가서 깨달은 소중한 교훈이 있다. 전혀 사과처럼 생기지 않은 식물이 부드럽게 쓰다듬는 순간 사과 향이 나고 전혀 파인애플도 아닌 것이 파인애플 향기를 발하고 레몬과는 근본이 다른 것이 레몬의 향긋한 냄새를 진동시키는 허브! 우리 또한 예수 그리스도의 손길에 접촉되었다는 사실 하나만으로 그리스도의 향기를 풍기는 그리스도의 허브가 될 수 있다는 생각을 해 본다. 우리가 그리스도의 허브가 될 때 새신자들이 자연스럽게 셀에 임재해 계신 그리스도께로 나오게 된다.

2. 셀 건강 진단 : 해당되는 점수에 표시하여 합계 점수란에 쓰기

(1) 셀모임에서 주님을 모르는 사람들을 위해 얼마나 자주 기도합니까?

전혀	가끔	자주	아주 자주	항상
0	1	2	3	4

(2) 매주 몇일 동안 불신자들의 구원을 위해 개인적으로 기도합니까?

0일	1~2일	3~4일	5~6일	7일
0	1	2	3	4

(3) 지난 3개월 동안 불신자를 목표로 재미있는 활동을 몇 번 했습니까?

0번	1번	2번	3번	4번
0	1	2	3	4

(4) 방문자가 셀에 처음 들어왔을 때 그 후 얼마나 자주 전화하거나 편지를 쓰거나 방문합니까?

전혀	가끔	자주	아주 자주	항상
0	1	2	3	4

(5) 당신의 셀은 번식이나 새로운 셀을 탄생시키기 위해 지정된 날짜와 목표가 있습니까?

아니오	거의 아니오	아마도	날짜 없는 목표	확실한 목표
0	1	2	3	4

합계 점수 (   )

4 앞으로(Forward)

'앞으로'는 셀의 번성을 위해 새로운 리더를 세우는 활동을 가리킨다. 우리 몸의 간, 장에 비유해 볼 수 있다. 이러한 영역을 확장하기 위한 기본적인 전략으로는 다음과 같은 것들을 들 수 있다.

1. 기본적인 전략

(1) 모든 셀원이 셀리더가 될 수 있다는 비전 심어 주기

르완다와 케냐에서는 진짜 사나이는 부인을 패야 한다는 생각의 겨자씨를 갖고 있다. 인도는 남자는 사람이요, 여자는 사람이 아니라는 생각의 겨자씨를 갖고 있다. 우리나라는 어떠한가? '남존여비'라는 생각의 겨자씨가 있어 왔다. 셀원들에게 리더에 대한 생각의 겨자씨를 심

는 것이 중요하다. 장차 그 겨자씨는 새들이 와서 깃들이는 큰 거목으로 자라게 될 것이다.

(2) 새로운 리더를 위해 기도하고 예비 리더 세우기
셀교회의 부흥은 셀그룹의 부흥이 아니라 셀리더의 부흥에 있다는 사실을 기억할 필요가 있다. 그러므로 셀리더가 감당해야 할 중요한 사역 중의 하나는 바로 자신과 같은 리더를 발굴해 내고 그들을 리더로 육성시키는 일을 셀 안에서 감당하는 것이다.

(3) 잠재적 리더들에게 섬길 수 있는 기회를 제공하고 위임하기
셀원들의 은사에 맞게 위에서 살펴본 네 가지 각 영역의 책임자를 정해서 연구하고 발표하게 하는 것은 실제적으로 리더를 세우는 데 있어서 효과적인 방법이다. 그리고 그들이 셀모임의 내용들을 준비해서 진행해 보도록 하는 것도 그들을 리더로 발굴하고 훈련시킬 수 있는 좋은 방법이다.

(4) 4번 칭찬하고 1번 조언하기
칭찬에 인색한 우리나라의 문화를 극복하고 적극적인 칭찬이 필요하다. 켄 블랜차드의 『칭찬은 고래도 춤추게 한다』는 칭찬의 좋은 지침을 제공해 준다.

이야기 한토막
미국 학자들이 종교, 정치, 학문, 경제적으로 미국 역사에 공헌을 남긴 사람들

을 뽑아 보았다. 그리고 미국 지도를 놓고 그 사람들을 출신지별로 분류해서 각 사람의 출신지를 점으로 표시했다. 그랬더니 놀랍게도 미국의 북동부에 위치하고 있는 작은 지방에 검은 점이 많이 찍혀 있었다. 많은 학자들은 이상하게 생각했다. "어떻게 이 넓은 미국 땅 중에서 저 좁은 지방에서 미국의 역사를 움직이는 인물이 많이 나왔을까?" 의아해했다. 그리고 거기에는 틀림없이 이유가 있을 것이라고 생각하고 분석해 보았다. 그랬더니 재미있는 결과가 나왔다. 그 지방에 있는 사람들은 자기의 아이들이 잘못했을 때나 실수를 했을 때 타이르면서 주로 사용하는 말이 있었다. "Boys, be ambitious!", "Girls, be ambitious!"

"현재 모습에 낙심하지 말고 야망을 가져라! 포부를 키워라! 원대한 비전을 가져라!" 이것이 그들의 마음에 박혀 '무슨 일을 하든지 쩨쩨하게 굴지 말자. 꿈을 가지고 살자.'는 생각을 하게 되고 이것이 원동력이 되어서 그 지방에서 미국의 역사를 움직이는 위대한 인물들이 많이 나온 것이다.

웃음꽃 한 마당

학교에서 4과목이 F, 한 과목만 D가 나온 성적표를 들고 집으로 돌아온 아들을 향한 아버지의 말, "아들아, 한 과목만 너무 집중적으로 공부한 것 같구나!"

2. 셀 건강 진단 : 해당되는 점수에 표시하여 합계 점수란에 쓰기

(1) 지금 당신의 셀에 셀인턴(예비 리더)이 몇 명 있습니까?

0명	1명	2명	3명	4명이상
0	1	2	3	4

(2) 당신의 셀에서 몇 퍼센트가 후에 셀리더가 되리라고 예상합니까?

0%	25%	50%	75%	100%
0	1	2	3	4

(3) 당신의 셀에서 몇 퍼센트가 셀모임을 인도하는 데 부분적으로 참여하고 있습니까?

0%	25%	50%	75%	100%
0	1	2	3	4

(4) 더 많은 리더들이 배출되기 위해 얼마나 자주 기도합니까?

전혀	가끔	자주	아주 자주	항상
0	1	2	3	4

(5) 당신의 셀에서 몇 명이나 셀리더십 개발 훈련을 받을 것이라 예상합니까?

0명	1명	2명	3명	4명이상
0	1	2	3	4

합계 점수 (   )

셀 체험하기

1 마음 문 열기(Welcome)

당신 양옆에 앉아 있는 사람들의 장점을 구체적으로 3가지 말하고 칭찬하며 축복해 보자.

_____
_____
_____
_____

2 경배와 찬양(Worship)

♪ 우리 셀(목장, 구역) 안에 찬양과 사랑이 넘치기를 소망하면서 함께 찬양한다.

찬양이 언제나 넘치면 은혜로 얼굴이 환해요
성령의 충만한 모습을 서로가 느껴요
할렐루 할렐루 손뼉 치면서
할렐루 할렐루 소리 외치며
할렐루 할렐루 두 손을 들고 주님을 찬양해요
2. 감사가 3. 사랑이 4. 기도가

◎ 찬송가를 사용할 경우, 394장 '주를 앙모하는 자 올라가'

🎵 우리의 셀(목장, 구역) 가운데 참된 부흥이 흘러 넘치기를 소망하면서 찬양 후 기도한다.

이 땅의 황무함을 보소서 하늘의 하나님 긍휼을 베푸시는 주여
우리의 죄악 용서하소서 이 땅 고쳐 주소서
이제 우리 모두 하나 되어 이 땅의 무너진 기초를 다시 쌓을 때
우리의 우상들을 태우실 성령의 불 임하소서
부흥의 불길 타오르게 하소서 진리의 말씀 이 땅 새롭게 하소서
은혜의 강물 흐르게 하소서 성령의 바람 이제 불어와
오 주의 영광 가득한 새 날 주소서 오 주님 나라 이 땅에 임하소서

◗ 찬송가를 사용할 경우, 506장 '예수 더 알기 원함은'

❸ 나 눔(Word)
에베소서 3장 14~18절을 읽고 상호책임짝 2~3명과 나눈다.

위에서 살펴본 4가지 영역 중 당신이 속한 셀(목장, 구역)의 가장 약한 영역이 무엇인지, 어떻게 그 약점을 강점으로 변화시킬 수 있을지 구체적인 전략을 세우고 나누어 보자.

① 위로(Upward) : 셀을 하나님의 권능에 연결하는 활동 (   )점
② 안으로(Inward) : 셀 안에서 서로와 서로를 연결하는 활동
　　　　　　　　(   )점
③ 밖으로(Outward) : 세상의 잃어버린 자들을 셀로 연결하는 활동

(　　)점

④ 앞으로(Forward) : 셀의 번성을 위해 새로운 리더를 세우는 활동
(　　)점

• 가장 약한 영역 (　　　　　)

이유 :
_____
_____
_____

강점으로 변화시키기 위한 구체적인 전략
_____
_____
_____

4 사 역(Work)

1. 당신이 속한 셀(목장, 구역)의 약점들을 품에 안고 그것이 강점으로 새롭게 태어날 수 있도록 함께 기도한다.

2. 자신이 품고 있는 태신자가 주께로 나오지 못하도록 막고 있는 걸림돌을 제거하고 그들이 셀(목장, 구역)로 인도될 수 있기를 위해

간절히 기도한다.

준비하기
당신의 묘비에 쓰고 싶은 문구를 적어 온다.

9장
거룩한 식탁에 둘러앉은 셀

식탁에 둘러앉아 식사한다는 것은 한 식구, 한 가족이라는 사실을 느끼게 해 주는 소중한 현장이라고 할 수 있다. 아울러 집안의 대소사를 함께 나누면서 지혜를 모으는 통로이기도 하다.

셀 안에서 이루어지는 거룩한 식탁인 성찬도 셀이 한 가족이라는 사실을 느끼게 해 준다. 또한 셀 공동체가 주님께서 주신 복음을 전하는 사명을 감당하는 선교 공동체라는 사실을 깨닫게 해 주는 소중한 통로라고 할 수 있다.

"내가 너희에게 전한 것은 주께 받은 것이니 곧 주 예수께서 잡히시던 밤에 떡을 가지사 축사하시고 떼어 이르시되 이것은 너희를 위하는 내 몸이니 이것을 행하여 나를 기념하라 하시고 식후에 또한 그와 같이 잔을 가지시고 이르시되 이 잔은 내 피로 세운 새 언약이니 이것을 행하여 마실 때마다 나를 기념하라 하셨으니 너희가 이 떡을 먹으며 이 잔을 마실 때마다 주의 죽으심을 그가 오실 때까지 전하는 것이니라"(고전 11:23~26).

 현장의 목소리 듣기

김혜영(셀리더 : 107smile@hanmail.net)

정말 하나님의 임재를 느낄 수 있었습니다. "예수께서 제자들과 성만찬을 나누셨던 다락방 분위기도 이와 같지 않았을까?"하는 생각이 들었습니다. 주님의 살과 피를 나누며 십자가의 가치를 묵상하게 되었습니다. 하나님께서는 저에게 주님의 피로 사신 거룩한 백성이라고 말씀하셨습니다. 이제 어떤 훈련이 기다리고 있을까요? 기대는 은혜를 담는 그릇이라 하죠. 하나님의 용사가 될 수 있다는 것이 너무나 뿌듯합니다. 한국 교회를 짊어지고 나갈 한소망 청년들! 아~ 우리가 바로 계속되는 행진의 주인공 아니겠습니까? 아자!

 **다리 놓기**

묘비에 쓰고 싶은 문구를 나누는 시간을 갖는다.

 **벽돌 쌓기**

1 성찬의 의미
성찬은 우리를 위해 십자가에서 찢기신 주님의 살과 우리를 위해 흘리신 주님의 피에 동참하는 것이다.

웃음꽃 한 마당
초대 교회가 카타콤에 모여 성찬예식을 행하는 것에 로마 정부가 의심을 품기 시작했다. 왜냐하면 초대 교인들이 늘 고백했던 말이 있었는데 "아, 살맛 난다!"였기 때문이다. 소망도 기쁨도 없는 세상에 십자가에서 찢기시고 보혈을 흘려 주신 예수님을 통해 알게 된 '바로 그 맛' "(세상) 살맛 난다"고 그들은 자랑하고 다녔던 것이다. 그러나 성찬예식에 무지했던 로마 관리들은 '살 맛 나는 사람들 = 식인종' 이라는 결론을 내리게 되었고 이것이 초대 교회를 핍박했던 이유 중의 하나가 되었다고 한다.

2 성찬과 셀 공동체

셀 공동체는 주님이 십자가에서 죽으신 것처럼 셀 공동체를 위해 죽고, 주님이 부활하신 것처럼 도시와 민족을 정복하고 승리하는 공동체다.

이야기 한 토막

소금으로 만들어진 한 인형이 자기 자신이 누구인지를 알려고 수많은 곳을 찾아 다녔다. 수만 리 길을 두루 다니다가 어느 날 바닷가에 이르렀다. 일찍이 본 여러 것과는 너무 다른 야릇하게 꿈틀거리는 커다란 물체를 보고 소금인형은 황홀해졌다. "당신은 누구십니까?"

이 말을 들은 바다는 빙그레 웃으며 대답했다. "내게 들어와 보렴." 이 말을 들은 소금인형은 바다 속으로 첨벙첨벙 들어갔다. 바다 속으로 들어가면 갈수록 소금인형은 차츰차츰 녹아 마침내 아주 작디작은 한 점으로 남게 되었다. 그 마지막 한 점이 녹기 전에 소금인형은 소리쳤다. "이제야 내가 누군지 알겠다!"

➡ 주의 성찬에 동참하게 될 때 나는 녹아 없어지고 공동체 안에서 새로운 나의 정체성과 사명을 발견하게 된다.

셀 체험하기

1 회개를 위한 시간

"그러므로 누구든지 주의 떡이나 잔을 합당하지 않게 먹고 마시는 자는 주의 몸과 피에 대하여 죄를 짓는 것이니라 사람이 자기를 살피고 그 후에야 이 떡을 먹고 이 잔을 마실지니 주의 몸을 분별하지 못하고 먹고 마시는 자는 자기의 죄를 먹고 마시는 것이니라"(고전 11:27~28).

🎵 '십자가의 삶 순교자의 삶'을 찬양하며 리더풀 기간 동안 우리들의 부족했던 모습을 돌아보며 회개하는 시간을 갖는다.

내 마음에 주를 향한 사랑이 나의 말엔 주가 주신 진리로
나의 눈엔 주의 눈물 채워 주소서
내 입술에 찬양의 향기가 두 손에는 주를 닮은 섬김이
나의 삶에 주의 흔적 남게 하소서
하나님의 사랑이 영원히 함께 하리 십자가의 길을 걷는 자에게
순교자의 삶을 사는 이에게
조롱하는 소리와 세상 유혹 속에도 주의 순결한 신부가 되리라
내 생명 주님께 드리리

▶ 찬송가를 사용할 경우, 512장 '내 주되신 주를 참 사랑하고'

2 감사를 위한 시간

"내가 너희에게 전한 것은 주께 받은 것이니 곧 주 예수께서 잡히시던 밤에 떡을 가지사 축사하시고 떼어 이르시되 이것은 너희를 위하는 내 몸이니 이것을 행하여 나를 기념하라"(고전 11:23~24).

♪ '감사해요 깨닫지 못했었는데'를 찬양하며 리더풀 기간 동안 감사했던 제목을 돌아보며 4명씩 함께 나누고 더욱 풍성한 감사의 사람들이 될 수 있도록 기도하는 시간을 가진 후 함께 떡에 참여한다.

- 떡에 참여할 때 "예수님 때문에 우리는 하나입니다"라고 고백하며 서로 먹여 준다.

감사해요 깨닫지 못했었는데 내가 얼마나 소중한 존재라는 걸
태초부터 지금까지 하나님의 사랑은 항상 날 향하고 있었다는 걸
고마워요 그 사랑을 가르쳐 준 당신께 주께서 허락하신 당신께
그리스도의 사랑으로 더욱 섬기며 이제 나도 세상에 전하리라
당신은 사랑받기 위해 그리고 그 사랑 전하기 위해 주께서 택하시고
이 땅에 심으셨네 또 하나의 열매를 바라시며

◯ 찬송가를 사용할 경우, 412장 '우리는 주님을 늘 배반하나'

3 치유를 위한 시간

"식후에 또한 그와 같이 잔을 가지시고 이르시되 이 잔은 내 피로 세운 새 언약이니 이것을 행하여 마실 때마다 나를 기념하라 하셨으니 너희가 이 떡을 먹으며 이 잔을 마실 때 마다 주의 죽으심을 그가 오실 때까지 전하는 것이니라"(고전 11:25~26).

♪ '약할 때 강함되시네'를 찬양하며 우리 안에 존재하는 약함들과 치유가 필요한 부분들을 묵상하고 4명씩 함께 나누고 서로의 치유를 위해 기도하는 시간을 가진 후 함께 잔에 참여한다.

- "예수님 안에서 우리는 한 혈관입니다"라고 고백하며 잔에 참여한다.

약할 때 강함 되시네 나의 보배가 되신 주 주 나의 모든 것
주안에 있는 보물을 나는 포기할 수 없네 주 나의 모든 것
예수 어린양 존귀한 이름 예수 어린양 존귀한 이름

십자가 죄사하셨네 주님의 이름 찬양해 주 나의 모든 것
쓰러진 나를 세우고 나의 빈 잔을 채우네 주 나의 모든 것
예수 어린양 존귀한 이름 예수 어린양 존귀한 이름

◐ 찬송가를 사용할 경우, 496장 '십자가로 가까이'

4 헌신을 위한 시간

♪ '내 눈 주의 영광을 보네'를 찬양한 후 우리 셀 공동체가 하나님의 임재와 능력과 목적을 드러내는 축복의 통로가 될 수 있기를 위해 함께 기도한다.

내 눈 주의 영광을 보네 우리 가운데 계신 주님
그 빛난 영광 온 하늘 덮고 그 찬송 온 땅 가득해

내 눈 주의 영광을 보네 찬송 가운데 계신 주님
주님의 얼굴은 온 세상 향하네 권능의 팔을 드셨네
주의 영광 이곳에 가득해 우린 서네 주님과 함께
찬양하며 우리는 전진하리 모든 열방 주 볼 때까지
하늘 아버지 우릴 새롭게 하사 열방 중에서 주를 섬기게 하소서

모든 나라 일어나 찬송 부르며 영광의 주님을 보게 하소서
주의 영광 이곳에 가득해 우린 서네 주님과 함께
찬양하며 우리는 전진하리 모든 열방 주 볼 때까지

◯ 찬송가를 사용할 경우, 408장 '내 주 하나님 넓고 큰 은혜는'

5 나눔을 위한 시간

◯ '당신은 하나님의'를 찬양한 후 미(미안해요), 고(고마워요), 사(사랑해요), 축(축복해요)의 영역에서 나누고 싶은 지체에게 다가가 고백하는 시간을 갖는다.

당신은 하나님의 언약 안에 있는 축복의 통로
당신을 통하여서 열방이 주께 돌아오게 되리
당신은 하나님의 언약 안에 있는 축복의 통로
당신을 통하여서 열방이 주께 예배하게 되리

◯ 찬송가를 사용할 경우, 388장 '마귀들과 싸울지라'

♪ '축복송'으로 서로를 축복하며 마무리하는 시간을 갖는다.

때로는 너의 앞에 어려움과 아픔 있지만
담대하게 주를 바라보는 너의 영혼
너의 영혼 우리 볼 때 얼마나 아름다운지
너의 영혼 통해 큰 영광 받으실 하나님을 찬양 오 할렐루야

너는 택한 족속이요 왕같은 제사장이며
거룩한 나라 하나님의 소유된 백성
너의 영혼 우리 볼 때 얼마나 사랑스러운지
너의 영혼통해 큰 영광 받으실 하나님을 찬양 오 할렐루야

◐ 찬송가를 사용할 경우, 502장 '태산을 넘어 험곡에 가도'

준비하기

이 훈련 과정을 통해 주신 은혜와 받은 도전 등을 간증문으로 써 오도록 한다.

첫 모임을 위한 공동체 훈련 자료 부록

첫모임이 중요하다. 셀에 관한 주제를 암시하면서도 부담없이 서로를 알고 하나가 될 수 있게 하는 자료를 활용한다면 유익한 첫 만남을 갖게 될 것이다.

1 경배와 찬양

♪ '많은 사람들 참된 진리를 모른 채'를 함께 찬양한다.

멘트 : 머리와 지식으로서 하나님을 아는 것이 아니라 마음으로, 손과 발로 하나님을 알 수 있도록 하는 시간이 리더풀이다. 우리가 알고

있는 하나님을 체험하는 시간이다.
1. 많은 사람들 참된 진리를 모른 채 주님곁을 떠나가지만
   내가 만난 주님은 참사랑이었고 진리였고 소망이었소

(후렴) 난 예수가 좋다오 난 예수가 좋다오 주를 사랑한다던
   베드로 고백처럼 난 예수를 사랑한다오

2. 무거운 짐진자 다 내게로 오라 내가 너를 쉬게 하리라
   이 길만이 생명의 길 참 복된 길이라 항상 내게 들려 주셨소

3. 그대가 만일 참된 행복을 찾거든 예수님을 만나 보세요
   그분으로 인하여 참 평안을 얻으면 나와 같이 고백할거요

○ 찬송가를 사용할 경우, 390장 '십자가 군병들아'

♪ '하나님의 사랑을 사모하는 자' 를 함께 찬양한다.

멘트와 기도 : 시편 91편 14~15절을 낭독한 후 우리의 작은 신음에도 응답하시는 하나님을 온전히 알아갈 수 있도록 그를 통해 하나님을 영화롭게 하는 자들이 될 수 있기를 위해 함께 기도한다.

하나님의 사랑을 사모하는 자 하나님의 평안을 바라보는 자
너의 모든 것 창조하신 우리 주님이 너를 얼마나 사랑하시는지

하나님께 찬양과 경배하는 자 하나님의 선하심을 닮아 가는 자
너의 모든 것 창조하신 우리 주님이 너를 자녀 삼으셨네
하나님 사랑의 눈으로 너를 어느 때나 바라보시고
하나님 인자한 귀로써 언제나 너에게 기울이시니
어두움에 밝은 빛을 비춰 주시고
너의 작은 신음에도 응답하시니
너는 어느 곳에 있든지 주를 향하고 주만 바라볼찌라(X2)

● 찬송가를 사용할 경우, 410장 '아 하나님의 은혜로'

♪ '주께 가오니 날 새롭게 하시고'를 함께 찬양한다.

멘트와 기도 : 어느 추운 겨울 날 실내화를 두고 간 초등학교 1학년 아들의 실내화를 가져다 주자, '아휴! 발 시려워 혼났네!' 라고 하는 아들의 말을 듣고 코끝이 시끈해 옴을 느꼈다. 하나님은 우리의 약함, 쓰러짐에도 불구하고 "아바 아버지"라고 부르며 나아가면 그 사랑의 손으로 우리를 붙들어 주신다. 그 하나님을 향해 다함께 기도함으로 나아가자. 그 사랑의 손으로 우리를 붙들어 주시고 그 사랑의 품으로 이끄시도록! 우리가 하나님의 손을 붙드는 것이 아니라 우리가 하나님의 사랑의 손에 붙들림 당하도록 함께 기도하자.

1. 주께 가오니 날 새롭게 하시고 주의 은혜를 부어 주소서
   내 안에 발견한 나의 연약함 모두 벗어지리라 주의 사랑으로

(후렴) 주 사랑 나를 붙드시고 주 곁에 날 이끄소서
　　　독수리 날개쳐 올라가듯 나 주님과 함께 일어나 걸으리
　　　주의 사랑 안에

2. 나의 눈 열어 주를 보게 하시고 주의 사랑을 알게 하소서
　　매일 나의 삶에 주 뜻 이뤄지도록 새롭게 하소서 주의 사랑으로

➲ 찬송가를 사용할 경우, 409장 '목마른 내 영혼 주가 이미 허락한'

❷ 공동체 훈련

1. 준비 하기

A4용지를 두 번 접어 4등분한다.
① 한 가운데 원을 그리고 원 안에 자신의 긍정적인 별명을 쓰게 한다.
② 왼쪽 윗면에 최근에 가장 기뻤던 일을 쓰게 한다.
③ 오른쪽 윗면에는 최근에 가장 슬펐던 일을 쓰게 한다.
④ 왼쪽 아랫면에는 자신이 속한 셀(목장, 구역)의 자랑거리를 쓰게 한다.
⑤ 오른쪽 아랫면에는 올해 하나님께서 주신 비전을 쓰게 한다.

다 쓰고 나면 준비된 스카치 테이프 등으로 자신의 가슴에 떨어지지 않게 그 종이를 붙이게 한다.

2. 나눔 갖기

① 다같이 눈을 감게 하고 찬양을 하며 손을 더듬어 처음으로 부딪힌 사람과 짝이 되어 별명의 유래와 의미에 대해 나누게 한다.
② 별명에 대한 나눔이 끝나면 다같이 일어서게 하고 같은 방식으로 짝을 지어 가장 기뻤던 일에 대해 나누게 한다.
③ 이와 같은 방식으로 슬펐던 일을 나누게 하고, 셀(목장, 구역)의 자랑을 나누게 하고, 올해 비전을 나누게 한다.

3. 함께 기도하기

① 가장 기뻤던 일을 나눈 사람을 기억해서 찾아가게 한다. 그리고 그 사람을 위해 축복하며 리더풀 기간을 통해 올 한 해 동안 기쁨이 넘치는 사람이 되도록 기도한다.

♪ '나 기뻐하리 나 기뻐하리'를 함께 찬양한다.

나 기뻐하리 나 기뻐하리 나 기뻐하리 나 주 안에서 기뻐하리라(X2)
원수가 나를 무너뜨리려고 내 마음에 속삭였네
내 영이 깨어 넘어지지 않고 나의 믿음의 고백이 원수를 묶네
나 기뻐하리 나 기뻐하리 나 기뻐하리 나 주 안에서 기뻐하리라(X2)

환경에 지배를 받지 않고 내 팔의 힘과 목소리
느끼는 감정과 상관없이 내 마음 기뻐하기로 결심을 했네
나 기뻐하리 나 기뻐하리 나 기뻐하리 나 주 안에서 기뻐하리라(X2)

◐ 찬송가를 사용할 경우, 313장 '갈길을 밝히 보이시니'

② 가장 슬펐던 일을 나눈 사람을 기억해서 찾아가게 한다. '주님과 같이 내 마음 만지는 분은 없네'를 찬양하면서 그 지체가 그 슬픈 일로 인해 받은 마음의 상처와 아픔의 쓴 뿌리가 무엇인지 공감하는 시간을 갖고 찬양이 끝나면 한 사람씩 돌아가며 그 사람의 치유와 회복을 위해 기도하게 한다.

♪ '주님과 같이 내 마음 만지는 분은 없네'를 함께 찬양한다.

주님과 같이 내 마음 만지는 분은 없네
오랜 세월 찾아 난 알았네 내겐 주밖에 없네
주 자비 강같이 흐르고 주 손길 치료하네
고통받는 자녀 품으시니 주밖에 없네
주님과 같이 내 마음 만지는 분은 없네
오랜 세월 찾아 난 알았네 내겐 주밖에 없네

◐ 찬송가를 사용할 경우, 471장 '십자가 그늘 밑에'

4. 소그룹으로 모이기

① 다같이 원으로 둘러서게 하고 '당신은 누구십니까? 나는 OOO, 그 이름 ~답구나' 라는 동요를 부르며 각자 자신의 별명을 소개하고 그 별명에 대한 긍정적인 평가를 오른쪽에 있는 사람이 말하게 한다.

(예) 별명이 공룡인 사람

다같이 노래: '당신은 누구십니까? - 나는 공~룡 -> (오른쪽 사람이)' 그 이름~ 건강하구나'

② 각자의 별칭 소개가 다 끝나면 비슷한 종류끼리 모이게 한다. 예를 들면 동물, 만화영화 주인공, 무생물 등등. 이렇게 소그룹으로 나누어 모인 후 '이 산지를 내게 주소서'를 부른 후 서로 손을 잡고 이들이 속한 셀(목장, 구역)에 자랑거리가 넘치도록, 그들에게 주신 올 한 해의 비전이 온전히 이루어질 수 있도록 축복하며 기도하게 한다.

♩ '이 산지를 내게 주소서'를 함께 찬양한다.

주님이 주신 땅으로 한 걸음씩 나아갈 때에
수많은 적들과 견고한 성이 나를 두렵게 하지만
주님을 신뢰함으로 주님을 의지함으로
주님이 주시는 담대함으로 큰 소리 외치며 나아가네
이 산지를 내게 주소서 그날에 주께서 말씀하신
이제 내가 주님의 이름으로 그 땅을 취하리니
이 산지를 내게 주소서 그날에 주께서 말씀하신
이제 내가 주님의 이름으로 그 땅을 취하리라

☞ 찬송가를 사용할 경우, 382장 '허락하신 새 땅에'

3 전체 마무리하기

'나 무엇과도 주님을'을 찬양한 후 한 주 동안 주님의 사랑을 세상 것과 맞바꾸지 않도록, 새롭게 시작되는 리더풀 훈련 가운데 하나님의 임재와 능력과 비전이 충만히 부어질 수 있기를 위해 간절히 기도한다.

♪ '나 무엇과도 주님을'을 함께 찬양한다.

나 무엇과도 주님을 바꾸지 않으리 다른 어떤 은혜 구하지 않으리
오직 주님만이 내 삶에 도움이시니 주의 얼굴 보기 원합니다
주님 사랑해요 온 맘과 정성 다해
하나님의 신실한 친구 되기 원합니다

☞ 찬송가를 사용할 경우, 102장 '주 예수보다 더 귀한 것은 없네'

■ 나가는 글

대나무의 씨앗은 여느 씨앗과 달리 땅에 심으면 싹이 돋는 게 아니라 수면에 들어가 버린다고 한다. 아무리 영양분을 많이 공급해 주어도 아무리 정성을 기울여도 잠에서 깨어나지 않는다. 이렇게 어떤 뚜렷한 성장의 조짐도 없이 5년간 수면 상태에 들어간다. 그런 뒤에 한 해 동안 급속히 자라서 자그마치 18미터의 큰 나무가 된다.

대나무는 비록 수 년간 눈에 띄는 성장은 없지만 다른 씨앗과 마찬가지로 양분과 보살핌을 필요로 한다. 수면 기간에 적절한 보살핌을 받지 않으면 결코 나무가 될 수 없다. 농부는 이 사실을 알기 때문에 눈에 보이지는 않더라도 씨앗을 돌보는 일을 계속하는 것이다. 셀교회를 향한 우리의 노력도 이와 같다고 볼 수 있다. 올바른 첫걸음을 시작했다면 그 결실을 기대하며 인내하는 시간이 필요하다. 그러면 머지않아 상상하지 못할 정도로 건강하게 성장해 있는 교회의 모습을 보게 될 것이다.

'껍질을 벗지 못하는 뱀은 죽는다' 라는 말이 있다. 뱀은 정기적으로 자신의 껍질을 스스로 벗어 자신의 건강을 지킨다고 한다. 그런데 뱀이 껍질을 벗지 못하게 되는 병에 걸리는 경우가 있다고 한다. 뱀의 피부가 가시에 찔리거나 상처를 받으면 자기 껍질을 스스로 벗지 못하게 되는데, 이렇게 되면 결국 그 뱀은 자기 껍질에 갇혀 질식하여 죽고 만다. 한국 교회는 지금 어떤 껍질에 갇혀 있는가? 어떤 껍질이 많은 교회들을 질식시키고 있는가? 셀교회 운동은 이 껍질이 무엇인지 보게 하고 이것을 벗겨 가는 과정에 비유해 볼 수 있다.

어떤 사람이 김장을 하기 위해 좋은 배추, 싱싱한 굴, 생새우 등을 준비하여 기대를 가지고 김치를 버무렸다. 그런데 이게 웬일인가? 기대와는 달리 먹기에 거북할 만큼 실망스러운 맛이었다. 알고 보니 결정적인 실수는 바로 고춧가루에 있었다. 오래 묵은 고춧가루를 넣는 바람에 새로운 배추, 싱싱한 굴, 생새우까지 다 맛을 버리게 된 것이다. 많은 새로운 프로그램들을 준비해 놓고 실시해 보지만 한계에 부딪히는 많은 교회들을 보게 된다. 그러나 무엇보다도 교회의 본질과 능력을 회복하는 일이 선행되어야 하는 것이다.

스펜서 존슨의 『누가 내 치즈를 옮겼을까?』를 보면 변화를 싫어하는 우리의 본성에 대해서 잘 기록해 주고 있다. 급변하는 세상 속에서 날마다 새로워져야 할 교회임에도 불구하고 여전히 안일과 안주함에 빠져 변화를 거부한다면 아무리 화려한 타이타닉 같은 배일지라도 결국에는 세상의 파도에 침몰해 버리게 될 수 있음을 깨달아야 한다.

차를 몰고 가다가 라디오에서 들려 오는 어느 광고 방송이 내 귓가를 울렸다.

"그들에게는 꿈이지만 우리에게는 생활이 되었습니다."

하나님이 디자인하신 교회, 초대 교회의 능력과 본질을 회복하고 많은 교회들이 꿈꾸는 교회, 셀교회를 향해 올바른 첫걸음을 내딛게 될 때 그것은 우리의 생활 속에 현실이 된다. 이러한 축복이 여러분이 섬기는 교회 가운데 폭포수처럼 흘러 넘칠 수 있게 되기를 간절히 기도한다.